Sammlung
Außerdeutscher Strafgesetzbücher

Herausgegeben

vom

Institut für ausländisches und internationales Strafrecht

Universität Freiburg/Br.

LXVI.

Das Finnische Strafgesetzbuch

Berlin 1954

Walter de Gruyter & Co.

vormals G. J. Göschen'sche Verlagshandlung · J. Guttentag, Verlagsbuchhandlung · Georg Reimer · Karl J. Trübner · Veit & Comp.

Das
Finnische Strafgesetzbuch

vom 19. Dezember 1889

Übersetzt von

Dr. Brynolf Honkasalo
Professor in Helsinki

Gedruckt mit Unterstützung der Gesellschaft für Rechtsvergleichung

Berlin 1954

Walter de Gruyter & Co.

vormals G. J. Göschen'sche Verlagshandlung · J. Guttentag, Verlagsbuchhandlung · Georg Reimer · Karl J. Trübner · Veit & Comp.

Archiv-Nr. 24 63 54 / 66
Satz und Druck: Thormann & Goetsch · Berlin SW 61

Inhaltsverzeichnis

Seite

Einleitung IX

Das Strafgesetzbuch vom 19. Dezember 1889

1. Kapitel: Von denen, die dem finnischen Strafgesetz unterworfen sind 1

2. Kapitel: Strafen 3

3. Kapitel: Gründe, die die Strafbarkeit ausschließen oder mindern 7

4. Kapitel: Versuch 9

5. Kapitel: Teilnahme 10

6. Kapitel: Rückfall 11

7. Kapitel: Zusammentreffen von strafbaren Handlungen 12

8. Kapitel: Frist der Strafverfolgung und der Strafvollstreckung (Gesetz vom 17. November 1939) 14

9. Kapitel: Schadenersatz 16

10. Kapitel: Straftaten gegen die Religion 17

11. Kapitel: Hochverrat 18

12. Kapitel: Landesverrat 19

13. Kapitel: Majestätsverbrechen sowie Tätlichkeit und Beleidigung gegenüber Mitgliedern des Kaiserlichen Hauses 22

14. Kapitel: Straftaten gegen befreundete Staaten 22

15. Kapitel: Straftaten gegen (die Reichsstände) Finnlands und Störungen fremder Wahl- und Stimmrechte 23

16. Kapitel: Straftaten gegen die öffentlichen Behörden und die öffentliche Ordnung 24

Seite

17. Kapitel: Unwahre Aussagen 30
18. Kapitel: Straftaten in bezug auf den Personenstand 32
19. Kapitel: Ehebruchshandlungen 32
20. Kapitel: Unerlaubter Beischlaf und andere Unzucht 33
21. Kapitel: Mord, Totschlag und sonstige Mißhandlung 35
22. Kapitel: Kindesmord 39
23. Kapitel: Zweikampf 40
24. Kapitel: Friedensbruch 41
25. Kapitel: Verbrechen gegen die Freiheit 42
26. Kapitel: Falsche und unbewiesene Anschuldigung 45
27. Kapitel: Beleidigung 45
28. Kapitel: Diebstahl 47
29. Kapitel: Unterschlagung 49
30. Kapitel: Entwendung von gemeinschaftlichem Gut 49
31. Kapitel: Raub und Erpressung 49
32. Kapitel: Hehlerei und sonstige rechtswidrige Befassung mit auf verbrecherische Weise erlangtem Gut 50
33. Kapitel: Rechtswidrige Benutzung fremden Bodens sowie rechtswidrige Jagd und Fischerei 51
34. Kapitel: Gemeingefährliche Straftaten 54
35. Kapitel: Sachbeschädigung 59
36. Kapitel: Betrug und Fälschung 60
37. Kapitel: Münzverbrechen 63
38. Kapitel: Untreue und strafbarer Eingennutz 65
39. Kapitel: Konkursstraftaten 68
40. Kapitel: Amtsdelikte von Beamten 70
41. Kapitel: Verstöße gegen kirchliche Vorschriften 76
42. Kapitel: Verstöße gegen die Vorschriften über die Sicherheit des Staates oder über die öffentliche Ordnung 77
43. Kapitel: Verstöße gegen die Vorschriften über die guten Sitten .. 78
44. Kapitel: Verstöße gegen die Vorschriften zum Schutz von Leben, Gesundheit oder Eigentum 79

Inhaltsverzeichnis

Seite

Verordnung über die Strafvollstreckung

vom 19. Dezember 1889

1. Kapitel: Die Todesstrafe 84
2. Kapitel: Allgemeine Vorschriften über die Freiheitsstrafen 85
3. Kapitel: Die Zuchthausstrafe 92
4. Kapitel: Die Gefängnisstrafe 94
5. Kapitel: Das Jugendgefängnis (Gesetz vom 31. Mai 1940) 97
6. Kapitel: Geldstrafe, verfallenes Gut und durch Straftaten erlangter wirtschaftlicher Nutzen (Gesetz vom 24. März 1943) 99

Anhang

Gesetz über das bedingte Strafurteil vom 20. Juni 1918 102

Gesetz über die gefährlichen Rückfallverbrecher vom 27. Mai 1932 .. 103

Gesetz über die jugendlichen Rechtsbrecher vom 31. Mai 1940 106

Einleitung

Über die rechtlichen Verhältnisse bei den Finnen der vorgeschichtlichen Zeit haben sich keine schriftlichen Nachrichten erhalten. Aller Wahrscheinlichkeit nach waren diese Verhältnisse im großen ganzen ebenso wie bei den alten Germanen. Nachdem die schwedische Herrschaft in Finnland durch drei Kreuzzüge, die in den Jahren 1156, 1249 und 1293 unternommen wurden, errichtet und gefestigt worden war, wurden die Rechtsverhältnisse allmählich von den schwedischen Rechtsverhältnissen beeinflußt; aber sie wurden nicht völlig verändert, sondern es ergab sich eine Verschmelzung mit den schwedischen Rechtsgewohnheiten, was auch sehr natürlich war, da Finnland in kurzer Zeit eine mit den übrigen Teilen des schwedischen Reiches gleichberechtigte Stellung erlangte.

Es ist nicht bekannt, ob die schwedischen Landschaftsgesetze (landskapslagarna) in dem von Finnen bewohnten Teil Finnlands überhaupt zur Anwendung kamen, wenn auch die Möglichkeit besteht, daß entweder das helsingländische oder das uppländische Recht bei der in den Küstengebieten siedelnden schwedischen Bevölkerung angewandt wurde. Das Gesetzbuch, das als erstes für ganz Finnland maßgebend wurde, war Magnus Erikssons Landrecht (landslag), das um 1340 zusammengestellt und vom König nicht bestätigt wurde, aber trotzdem in Finnland noch in der ersten Hälfte des 17. Jahrhunderts Anwendung fand, obwohl ein neues, vom König bestätigtes Gesetzbuch, Kristoffers Landrecht (landslag), schon 1442 erlassen wurde.

Das älteste schwedisch-finnische Strafrecht wies die gleichen Züge auf wie die Strafrechte in den übrigen alten germanischen Rechtssystemen. Die Blutrache war bereits zur Zeit der Landschaftsgesetze auf einige im Gesetz ausdrücklich genannte Fälle beschränkt; nur wenn der Schuldige auf frischer Tat ertappt wurde, wollte man dem Rachedurst des Verletzten keine Fesseln anlegen. Die Straftaten konnten im allgemeinen durch Sühnegeld gesühnt werden, das anfangs ausschließlich dem Verletzten entrichtet wurde, dann aber, nachdem die Staatsgewalt erstarkt war und sich als Trägerin der Rechtsordnung gefestigt hatte, in drei Teile geteilt wurde: unter den Verletzten, die Rechtsgemeinschaft (rättssamfund) und den König.

Einige besonders schwere Verbrechen, wie Landesverrat, Majestätsverbrechen, Zauberei und Mord, waren, vor allem nach den späteren Landschaftsgesetzen, nicht durch Geldstrafe sühnbar. Für sie wurde im allgemeinen die Todesstrafe verhängt, vorausgesetzt, daß der Verbrecher auf frischer Tat ertappt worden war.

Die Landrechte brachten keine große Änderung in das Strafsystem. Allerdings wandten sie die Todesstrafe sowie körperliche Züchtigungen und Ehrenstrafen häufiger an als die Landschaftsgesetze. Die Auffassung, daß eine Straftat auch eine Beleidigung der öffentlichen Gewalt ist, hatte mehr Boden gewonnen.

Die in den ältesten Gesetzen zutage tretende Auffassung, daß der Täter für den Erfolg der Tat haftete, unabhängig davon, in welchem Verhältnis dieser zu seinem Willen stand (reine Erfolgshaftung), war schon in den Landschaftsgesetzen insofern geändert worden, als man zwischen vorsätzlichen Taten („viliaverk") und unbeabsichtigten Taten („vadhaverk") unterschied. Damit eine Tat als unbeabsichtigt betrachtet werden konnte, mußte sie zu einem im Gesetz festgelegten Typus von Taten gehören, der auch nach der damaligen Ansicht außerhalb der Vorsätzlichkeit blieb. Der Täter hatte eidlich zu versichern, daß seine Handlung unbeabsichtigt war. Zu den unbeabsichtigten Taten rechnete man sowohl solche, die aus Fahrlässigkeit (vållande, culpa) begangen werden, als auch solche, die auf einem bloßen Unfall (casus) beruhen. Im 17. Jahrhundert und am Anfang des 18. Jahrhunderts trat insofern eine Änderung ein, als zur Haftung stets eine gewisse Nachlässigkeit erforderlich war, so daß eine bloße Unfallhandlung keine strafrechtlichen Folgen mehr hatte.

Während der langen Geltungsdauer der Landrechte änderte sich das Strafsystem beträchtlich durch die Gutsrechte, Hof- und Kriegsartikel, die damals erlassen wurden. Sie wandten die Todesstrafe in größerem Umfang an, als es früher geschehen war, und führten im Reaktionssystem neue Strafarten ein, wie Prügelstrafe (spöstraff), Gefängnis bei Wasser und Brot (fängelse vid vatten och bröd) und Strafarbeit (straffarbete). Auch Kirchenstrafen kamen viel zur Anwendung. Der Einfluß des kanonischen und des römischen Rechts auf das Strafrecht war in dieser Periode sehr erheblich. Auch auf das Gesetz des Moses griff man zurück, da in der eigentlichen Gesetzgebung lange ein Stillstand herrschte.

Das monumentalste Gesetzwerk des schwedisch-finnischen Rechtes, das Gesetzbuch von 1734, sanktionierte die Entwicklung, die in der strafrechtlichen Praxis während der vorhergehenden Periode stattgefunden hatte. Die wichtigsten Reaktionen waren folgende: die Todesstrafe, die in qualifizierter oder unqualifizierter Form für 68 Fälle festgelegt war, die körperliche Züchtigung, die gleichfalls auf Grund dieses Gesetzbuches häufig angewandt wurde, und die Geldstrafe, die nach wie vor einen wesentlichen Platz im Strafsystem einnahm und auch weiterhin unter den Verletzten, die Rechtsgemeinschaft und den König geteilt wurde.

Auf dem Gebiet des Begriffes der Fahrlässigkeit war eine Entwicklung vor sich gegangen. Man unterschied grobe Fahrlässigkeit, gewöhnliche Fahrlässigkeit und geringfügige Fahrlässigkeit. Der Begriff des Unfalls bedeutete wie schon im vorhergehenden Zeitalter eine Verursachung, mit der nicht die geringste Schuld verbunden ist.

Die im Gesetz festgelegten strengen Strafen mußte man in der Praxis mildern, und man war der Ansicht, daß das Gericht ein Recht zu solcher Milderung habe. Zum gleichen Zweck wurde das Gnadenrecht angewandt.

Eine Wendung in eine humanere Richtung führte die Verordnung herbei, die von König Gustav III. am 20. Januar 1779 erlassen wurde und die Todesstrafe für viele Verbrechen aufhob. Als Freiheitsstrafen wurden von nun an auch Festungshaft und Zuchthaus ohne Arbeitszwang angewandt, erstere für Männer, letztere für Frauen.

In diesem Entwicklungsstadium befand sich das Strafrecht, als Finnland im Jahr 1809 als autonomer Staat dem russischen Kaiserreich angegliedert wurde, und es blieb in der Hauptsache unverändert, bis, nachdem Kaiser Alexander II. im Jahr 1863 den Reichstag einberufen hatte, die Gesetzgebung wieder in Gang kam.

Die Grundlage der heute geltenden Strafgesetzgebung ist das Strafgesetz vom 19. Dezember 1889 mit der Verordnung vom selben Tage über die Strafvollstreckung. Dieses Gesetz ist nach vielen vorbereitenden Arbeiten entstanden. Die Regierung hatte dem Landtag von 1863/1864 zahlreiche Vorlagen zugeleitet, die die Erneuerung des Strafgesetzes betrafen. Die erste Vorlage betraf die allgemeinen Grundsätze, auf denen das neue Strafgesetz aufgebaut werden sollte. Die zweite enthielt einen Entwurf zu einem Strafsystem, das Anwendung finden sollte, bis ein neues Strafgesetz zustande gebracht würde. Diese Vorlage führte jedoch zu keinem Ergebnis, da der Landtag die Todesstrafe abschaffen wollte, während die Regierung mit der völligen Abschaffung derselben nicht einverstanden war. Eine Vorlage gleichen Inhalts vom Jahr 1867 wurde zwar von den Landständen angenommen und vom Herrscher bestätigt, konnte aber nicht veröffentlicht werden, weil ihre Ausführung sich wegen des Fehlens der nötigen Gefängnisse als unmöglich erwies. Auf Grund einer dritten Vorlage kamen die Verordnungen vom 26. November 1866 zustande, von denen vier sich auf verschiedene Straftaten bezogen und die fünfte auf die Vollstreckung der Freiheitsstrafen. Diese fünfte Verordnung war insofern bedeutungsvoll, als durch sie die heutigen Freiheitsstrafen, Zuchthaus und Gefängnis, eingeführt wurden.

Inzwischen hatte man die Arbeiten zur Vorbereitung eines neuen Strafgesetzes in Angriff genommen. Ein Komitee, das die Regierung im Jahr 1865 einsetzte, stellte im Jahr 1875 seinen Entwurf fertig. Zur Prüfung dieses Entwurfes wurde ein neues Komitee eingesetzt, dessen neuer Entwurf im Jahr 1884 erschien. Die Vorlage an den Landtag, die auf diesem letzten Entwurf aufgebaut war, wurde vom Landtag des Jahres 1888 endgültig angenommen. Das Strafgesetz wurde am 19. Dezember 1889 verkündet und sollte am 1. Januar 1891 in Kraft treten. Das Inkrafttreten verzögerte sich jedoch, weil die russische Regierung der Ansicht war, daß einige im Strafgesetz gebrauchte Ausdrucksweisen ein falsches Bild von dem staatsrechtlichen Verhältnis Finnlands zum russischen Reich gaben. Als die deswegen erforderlichen Änderungen mit Zustimmung des finnischen Landtags vorgenommen worden waren, wurde das Strafgesetz am 14. April 1894 verkündet und gleichzeitig sein sofortiges Inkrafttreten verfügt.

Im Strafgesetz und in der Verordnung über die Strafvollstreckung sind zahlreiche Änderungen vorgenommen worden. Unter den Änderungen, die den allgemeinen Teil des Strafgesetzes betreffen, sind die wichtigsten folgende: die Einführung des Systems der Tagesgeldbußen (Gesetz vom 21. August 1921), die allgemeine Regelung der Konfiskation (Gesetz vom 13. Mai 1932), die Neuregelung des Rechtsinstituts der Rückfälligkeit (Gesetz vom 17. November 1939) und die Änderung der Bestimmungen über die Zusammenfassung von Strafen (Gesetz vom 17. November 1939).

Die bedeutungsvollsten Neuerungen sind jedoch durch Gesetze herbeigeführt worden, die man nicht in den Rahmen des Strafgesetzes hat einbauen können. Zu ihnen gehört das Gesetz über das bedingte Strafurteil (vom 20. Juni 1918), das Gesetz über die gefährlichen Rückfallverbrecher (vom 27. Mai 1932) und das Gesetz über die jugendlichen Rechtsbrecher (vom 31. Mai 1940), die alle zu den Ausdrucksformen des individualpräventiven Prinzips in unserem hauptsächlich noch auf dem klassischen Grunde beruhenden Strafrecht gezählt werden müssen.

Neben dem allgemeinen Strafgesetz nimmt das Wehrmachtstrafgesetz vom 30. Mai 1919 mit den zahlreichen darin vorgenommenen Änderungen einen wichtigen Platz unter den strafrechtlichen Quellen ein.

Professor Dr. Brynolf Honkasalo, Helsinki.

Das Strafgesetz
vom 19. Dezember 1889

1. Kapitel.

Von denen, die dem finnischen Strafgesetz unterworfen sind.

§ 1. Nach finnischem Gesetz wird ein finnischer Staatsangehöriger abgeurteilt:

1. für eine Straftat, die er in Finnland oder auf einem finnischen Schiff auf hoher See begangen hat, sowie

2. für eine Straftat, die er außerhalb Finnlands begangen hat, wenn er danach in Finnland angetroffen wird oder zwecks Aburteilung dorthin befördert wird und wenn sein Verbrechen oder Vergehen

a) gegen Finnland oder einen Teil desselben oder einen finnischen Staatsangehörigen gerichtet ist;

b) gegen die oberste Gewalt eines fremden Staates oder einen Staatsangehörigen eines solchen Staates gerichtet ist und von der Regierung des fremden Staates oder dem Verletzten Klagen gegen den Schuldigen eingelaufen sind; oder

c) ein Münzverbrechen ist.

Nach gleichen Grundlagen hat Strafe verwirkt, wer, ohne finnischer Staatsangehöriger zu sein, außerhalb Finnlands eine Straftat begangen und danach die finnische Staatsangehörigkeit erworben hat. Gesetz vom 27. Mai 1932.

§ 2. Wer nicht finnischer Staatsangehöriger ist, wird nach diesem Strafgesetz für eine Straftat abgeurteilt, die er in Finnland oder in einem finnischen Schiff auf hoher See begangen hat, wenn nicht über die Aburteilung einer solchen Person woanders besonders bestimmt ist.

Desgleichen wird dieses Strafgesetz auf den angewandt, der, ohne finnischer Staatsangehöriger zu sein, eine Straftat begangen hat, die gegen Finnland oder einen Teil desselben oder einen finnischen Staatsangehörigen gerichtet war, wenn er zur Aburteilung nach Finnland befördert worden ist oder dort angetroffen wird und wenn er nicht nach besonderen Bestimmungen einem fremden Staat ausgeliefert wird. Gesetz vom 11. Februar 1922.

Das Gesetz vom 27. Mai 1932 bestimmt außer dem, was in § 2 des 1. Kapitels des Strafgesetzes über die Anwendung des finnischen Gesetzes auf eine Person, die nicht finnischer Staatsangehöriger ist, gesagt ist:

Wenn jemand, der nicht finnischer Staatsangehöriger ist, außerhalb Finnlands eine solche Straftat begangen hat, für die er nach einem Vertrag zwischen Finnland und einem fremden Staat in Finnland zu bestrafen ist, wird er, falls er später in Finnland angetroffen wird, vor einem finnischen Gericht und nach finnischem Gesetz abgeurteilt, auch wenn seine Straftat nicht der Art wie die in § 2 des 1. Kapitels des Strafgesetzes erwähnten ist.

§ 3. Eine Person, die im Staatsdienst steht, wird, wenn sie ein Amtsverbrechen begangen hat, einerlei ob dieses in Finnland oder außerhalb desselben geschehen ist, nach finnischem Gesetz und vor einem finnischen Gericht abgeurteilt.

Für die Verhandlung einer Amtsdeliktssache eines im Staatsdienst Stehenden gelten die Bestimmungen, die dafür erlassen sind oder künftig erlassen werden. Verordnung vom 21. April 1894.

§ 4. Ist eine der im 41., 42., 43. oder 44. Kapitel genannten oder eine andere ihnen vergleichbare Übertretung außerhalb des Landes begangen worden, so wird sie nur dann bestraft, wenn das durch Gesetz oder durch einen Vertrag mit einem fremden Staat besonders angeordnet ist. Verordnung vom 21. April 1894.

§ 5. Hat der einer Straftat Angeschuldigte teilweise oder ganz die Strafe verbüßt, zu der er dafür vom Gericht eines fremden Staates verurteilt worden ist, so ist die vollzogene Strafe nach den Umständen auf die Strafe in Anrechnung zu bringen, zu der er in Finnland für seine Straftat verurteilt werden würde, oder als Strafe dafür zu betrachten. Es ist jedoch in Finnland auf Amtsentsetzung, Unfähigkeit zur Bekleidung öffentlicher Ämter, Dispensierung vom Dienst oder Verlust der bürgerlichen Ehrenrechte zu erkennen, wenn das nach finnischem Gesetz eine Folge seiner Straftat ist.

Ein Urteil in Strafsachen, das ein Gericht eines fremden Staates gefällt hat, darf in Finnland nicht vollstreckt werden. Verordnung vom 21. April 1894.

§ 6. Wird jemand, der in Finnland im Dienst eines fremden Staates steht, hier eines Verstoßes gegen das allgemeine Gesetz beschuldigt, den er sich in diesem Amt hat zuschulden kommen lassen, so ist er dafür nur insoweit zu verurteilen, als das Verbrechen oder Vergehen gegen das allgemeine Gesetz verstößt. Bei der Festsetzung eines Schadenersatzes als Folge eines solchen Amtsvergehens ist finnisches Gesetz anzuwenden. Verordnung vom 21. April 1894.

§ 7. Wenn ein fremder Staat bei der Auslieferung einer Person an Finnland, die eines Verbrechens verdächtig oder beschuldigt oder deswegen verurteilt ist, besondere Bedingungen hinsichtlich der Strafverfolgung und Bestrafung des Betreffenden stellt, sind diese Bedingungen in Finnland einzuhalten.

Wer auf Einladung einer finnischen Behörde freiwillig aus dem Ausland nach Finnland gekommen ist, um in einer Strafsache als Zeuge vernommen zu werden, darf, solange er sich zu diesem Zweck in Finnland aufhält oder solange ein gesetzlicher Grund ihn am Verlassen des Landes hindert, nicht wegen einer früher begangenen Straftat oder auf Grund eines früheren Urteils oder weil ihm Beteiligung an Handlungen vorgeworfen wird, in deren Sache er als Zeuge aussagt, angeklagt oder verhaftet werden. Gesetz vom 14. Februar 1925.

2. Kapitel.

Strafen.

§ 1. Allgemeine Straftaten sind[1]):

1. Todesstrafe[2]).
2. Zuchthaus.
3. Gefängnis.
4. Geldstrafe.

Besondere Strafen für Beamte sind:

1. Amtsentsetzung.
2. Dispensierung vom Dienst.

§ 2. Die Zuchthausstrafe ist entweder eine lebenslängliche oder eine zeitige, deren Mindestbetrag sechs Monate und deren Höchstbetrag zwölf Jahre beträgt, außer wenn die Strafe nach § 2 des 6. Kapitels erhöht oder nach Kapitel 7 eine Gesamtstrafe verhängt wird.

Diese Strafe wird nach vollen Monaten oder Jahren oder vollen Jahren und Monaten bemessen. Wenn im Fall einer Gesamtstrafe Gefängnis in Zuchthaus umgewandelt werden soll, kann auch die Zuchthausstrafe nach vollen Tagen bemessen werden. Gesetz vom 17. November 1939.

§ 3. Die Gefängnisstrafe ist eine zeitige; ihr Mindestbetrag ist vierzehn Tage, ihr Höchstbetrag vier Jahre, außer wenn nach § 2 des 6. Kapitels die Strafe erhöht oder nach Kapitel 7 eine Gesamtstrafe verhängt wird.

Diese Strafe wird nach vollen Tagen, Monaten oder Jahren, nach vollen Monaten und Tagen oder nach vollen Jahren und Monaten und bei einer Gesamtstrafe auch nach vollen Jahren, Monaten und Tagen bemessen. Gesetz vom 17. November 1939.

§ 4. Die Geldstrafe wird in Tagesgeldbußen bemessen. Ihr Mindestbetrag ist eine Tagesgeldbuße, ihr Höchstbetrag 300 Tagesgeldbußen, außer wenn eine Gesamtstrafe verhängt wird.

Bei der Verhängung von Geldstrafe hat das Gericht nach freiem Ermessen auf Grund des durchschnittlichen Tagesverdienstes, den der Bestrafte zu der betreffenden Zeit hat oder haben könnte, und unter Berücksichtigung seiner Wohlhabenheit, seiner Unterhaltspflicht gegenüber seiner Familie sowie sonstiger Umstände, die seine Zahlungsfähigkeit beeinflussen, festzusetzen, welcher Geldbetrag als Tagesgeldbuße des Bestraften anzusehen ist.

An Stelle der in diesem Gesetz oder in besonderen Gesetzen und Verordnungen nach Geldbeträgen festgelegten Geldstrafen wie auch der nach dem Wert bestimmten Vermögens bemessenen Geldstrafen soll auf Tagesgeldbußen erkannt werden, jedoch nicht über die in Absatz 1 angegebene Zahl hinaus, und eine Geldstrafe von höchstens zehn Mark soll einer Tagesgeldbuße entsprechen. Wenn die Geldstrafe diesen Betrag

---

1) Siehe das Gesetz über das bedingte Strafurteil vom 20. Juni 1918, gedruckt als Anhang zu diesem StGB.

2) Siehe das Gesetz über die Aufhebung der Todesstrafe in Friedenszeiten vom 2. Dezember 1949.

übersteigt, ist für jede vollen zehn Mark eine Tagesgeldbuße hinzuzufügen.

Das über die Geldstrafen Gesagte gilt auch für die Strafen, die unter dem Namen von angedrohten Geldstrafen verhängt werden. Dagegen sind Strafandrohungen als Zwangsmittel nach Markbeträgen festzusetzen und darauf zu erkennen. Gesetz vom 21. Mai 1921.

§ 5. Ein zu Geldstrafe Verurteilter, der diese nicht erlegt hat und von dem sie auch durch Pfändung nicht hat beigetrieben werden können, ist stattdessen für den vollen Strafbetrag im Gefängnis zu halten; und das Gericht hat, wenn es auf Geldstrafe erkennt, zugleich die Dauer der entsprechenden Gefängnisstrafe zu bestimmen.

Bei der Umwandlung von Geldstrafe in Gefängnis ist eine zehntägige Gefängnisstrafe höchstens zehn Tagesgeldbußen gleichzuachten. Übersteigt die Geldstrafe diesen Betrag, so ist für jede Tagesgeldbuße ein Tag Gefängnis hinzuzufügen. Die Gefängniszeit darf jedoch dabei nicht länger als auf 180 Tage bemessen werden.

Bei der Umwandlung von als Zwangsmittel angedrohter Geldstrafe in Gefängnis ist eine zehntägige Gefängnisstrafe höchstens einer Geldstrafe von 100 Mark gleichzuachten. Übersteigt die Geldstrafe diesen Betrag, so wird die Strafe für jede vollen zehn Mark um einen Tag Gefängnis erhöht. Die Gefängniszeit darf jedoch dabei nicht länger als auf 180 Tage bemessen werden. Gesetz vom 21. Mai 1921.

§ 6. Hängt die Strafe von dem Wert eines bestimmten Vermögensgutes ab, so ist der Wert maßgebend, den das Vermögensgut zu der Zeit besaß, als die Straftat begangen wurde.

§ 7. Die Amtsentsetzung umfaßt den Verlust des Amtes, in dem die Straftat begangen wurde, oder desjenigen, das der Schuldige an Stelle desselben erhalten hat.

In den in § 10 genannten Fällen und auch, wenn auf Unfähigkeit zur Bekleidung öffentlicher Ämter oder auf Verlust der bürgerlichen Ehrenrechte neben der Amtsentsetzung erkannt wird, umfaßt die Amtsentsetzung den Verlust des Amtes oder der Ämter, die der Schuldige bekleidet.

Über das Recht auf Ruhegehalt und andere ähnliche Vorteile ist besonders verordnet.

§ 8. Auf Dispensierung vom Dienst wird auf bestimmte Zeit erkannt, höchstens auf zwei Jahre.

Diese Strafe hat den Verlust der Dienstbezüge des Amtes, von dem der Schuldige dispensiert worden ist, für die Dauer der Strafzeit zur Folge.

§ 9. Wenn jemand, der durch ein Amtsverbrechen Amtsentsetzung oder Dispensierung vom Dienst verwirkt hat, verabschiedet oder nur vorläufig im Amt ist, so wird er statt zu Amtsentsetzung zu Geldstrafe bis zu (4000 Mark) oder zu Gefängnis von höchstens einem Jahr und statt zu Dispensierung vom Dienst zu Geldstrafe von höchstens (2000 Mark) verurteilt.

§ 10. Hat ein Beamter die Todesstrafe oder lebenslängliche Zuchthausstrafe verwirkt, so ist er auch des Amtes verlustig zu erklären.

Hat ein Beamter ein Verbrechen begangen, durch das er eine zeitige Zuchthausstrafe verwirkt hat, so ist, wenn nicht besonders mildernde Umstände vorliegen, zugleich auf Amtsentsetzung zu erkennen, auch wenn das Verbrechen nicht im Amt begangen worden ist.

Ein Beamter, der in einer Strafanstalt eine Freiheitsstrafe abbüßt oder von dort auf Bewährungsfrist freigelassen worden ist, verliert in dieser Zeit die gleichen Vorteile wie ein vom Dienst Dispensierter. Gesetz vom 22. Dezember 1942.

§ 11. Wenn das Gesetz vorschreibt, daß ein Beamter für eine im Amt begangene Straftat, die Amtsentsetzung zur Folge hat, zugleich für unfähig zur Bekleidung öffentlicher Ämter erklärt werden soll, so ist diese Nebenstrafe für eine bestimmte Zeit von wenigstens einem Jahr und höchstens fünfzehn Jahren zu verhängen. Wenn neben der Amtsentsetzung auf eine zeitige Freiheitsstrafe erkannt ist, soll diese Unfähigkeit sofort eintreten und über die Dauer der Freiheitsstrafe hinaus so lange gelten, wie es das Urteil bestimmt.

Wer unfähig zur Bekleidung öffentlicher Ämter ist, der ist auch unfähig zur Verrichtung öffentlicher Geschäfte und öffentlicher Aufträge.

§ 12. Unter Beamten im Sinne dieses Gesetzes sind zu verstehen die Amtspersonen des Staates sowie diejenigen, die eingesetzt sind, um die Angelegenheiten der Städte, Marktflecken, Landgemeinden, Kirchengemeinden oder sonstigen Körperschaften oder von der Obrigkeit bestätigten allgemeinen Einrichtungen oder Stiftungen zu verwalten, ebenso die Beamten und Bediensteten, die solchen Amts- oder Verwaltungsbehörden unterstellt sind, sowie andere, die zur Verrichtung öffentlicher Aufträge oder Geschäfte eingesetzt oder gewählt sind.

§ 13. Begeht ein Strafgefangener in der Strafanstalt eine Straftat, die mit Geldstrafe abgebüßt werden kann, so ist er dort auf die im Gesetz besonders vorgeschriebene Weise zu züchtigen. Das gleiche gilt für die Gefangenen, die wegen Landstreicherei in einem Arbeitshaus untergebracht oder zu Zwangsarbeit verurteilt sind.

Wird die Straftat als nicht durch Geldstrafe sühnbar betrachtet, so ist die Sache dem Gericht zu übergeben und das allgemeine Gesetz anzuwenden. In diesem Fall ist jedoch einer, der früher zu lebenslänglichem Zuchthaus verurteilt worden ist, für die neue Straftat, wenn er dadurch nicht die Todesstrafe verwirkt hat, zu Einzelhaft in heller Zelle bis zu sechs Jahren zu verurteilen. Handelt es sich um ein schweres Verbrechen oder sind erschwerende Umstände vorhanden, so kann die Strafe verschärft werden, entweder durch:

1. hartes Ruhelager bis zu 30 Tagen oder
2. Einschränkung der Kost auf Wasser und Brot bis zu 20 Tagen oder
3. beide Strafverschärfungen zusammen.

Begeht ein Gefangener außerhalb der Strafanstalt oder des Arbeitshauses eine Straftat, so ist er vor Gericht abzuurteilen, und zwar ein lebenslänglich Verurteilter gemäß dem zweiten Absatz dieses Paragraphen und ein anderer Gefangener gemäß den Bestimmungen im 7. Kapitel.

Wenn ein zu lebenslänglichem Zuchthaus Verurteilter, der auf Bewährungsfrist freigelassen worden ist, während der Bewährungsfrist eine

Straftat begeht, ist er, falls ihm dafür die Bewährungsfrist entzogen wird, gemäß Absatz 2 dieses Paragraphen zu verurteilen. Gesetz vom 19. Mai 1944.

§ 14. Wenn ein Verbrechen nach dem Gesetz den Verlust der bürgerlichen Ehrenrechte zur Folge hat, sind dem Schuldigen während der Dauer dieser Nebenstrafe die Rechte und Vorteile zu entziehen, zu deren Genuß der Besitz der bürgerlichen Ehrenrechte erforderlich ist. Bekleidet er ein Amt oder eine sonstige öffentliche Stellung, so ist er des Amtes oder der Stellung verlustig zu erklären.

Der Verlust der bürgerlichen Ehrenrechte ist lebenslänglich, wenn das Verbrechen zugleich mit der Todesstrafe oder mit lebenslänglichem Zuchthaus bedroht ist, andernfalls aber befristet, und zwar mit einem Mindestbetrag von einem Jahr und einem Höchstbetrag von fünfzehn Jahren. Wenn neben dem Verlust der bürgerlichen Ehrenrechte auf zeitige Freiheitsstrafe erkannt wird, hat dieser Verlust sofort einzutreten und über die Dauer der Freiheitsstrafe hinaus so lange zu gelten, wie es das Urteil bestimmt.

§ 14 a. Wenn jemand, der einen militärischen Dienstgrad hat, ein Verbrechen begeht, für das er zum Verlust der bürgerlichen Ehrenrechte verurteilt wird oder ihm die Fähigkeit, als Zeuge auszusagen, oder die Fähigkeit zur Bekleidung öffentlicher Ämter aberkannt wird, so ist er neben den Rechten und Vorteilen, von denen er als Straffolge sonst auszuschließen ist, auch seines militärischen Dienstgrades für verlustig zu erklären.

Das gleiche gilt, wenn er für ein Verbrechen, das nicht den Verlust der bürgerlichen Ehrenrechte oder Unfähigkeit zur Bekleidung öffentlicher Ämter zur Folge hat, zum Tode oder zu lebenslänglichem Zuchthaus verurteilt wird.

Wenn er bei der Begehung des Verbrechens den Bestimmungen des Militärstrafgesetzes unterstand, sind die Vorschriften von § 11 dieses Gesetzes einzuhalten. Gesetz vom 10. März 1944.

§ 15. Die Zeit, die nach diesem Gesetz in Jahren oder Monaten bestimmt wird, ist nach der Kalenderzeit zu berechnen. Unter dem Begriff „Tag“ sind Tag und Nacht zusammen zu verstehen.

Wenn auf eine Gesamtstrafe erkannt wird, sind dreißig Tage für einen Monat zu rechnen.

§ 16. Der wirtschaftliche Nutzen, den eine Straftat ihrem Täter oder demjenigen bringt, für den oder zu dessen Gunsten er sie begangen hat, ist vom Gericht nach freiem Ermessen zu schätzen und für verfallen zu erklären, ohne Rücksicht darauf, ob gegen den, für den der Täter gehandelt hat, Anklage erhoben worden ist.

Ist die Straftat gewohnheitsmäßig oder berufsmäßig, so ist der für verfallen zu erklärende Wert unter Berücksichtigung der ganzen Ausdehnung der strafbaren Tätigkeit abzuschätzen.

Wenn eine Straftat begangen worden ist, kann auf Einziehung eines Gegenstandes oder sonstigen Vermögensgutes erkannt werden, der oder das dem Täter oder demjenigen gehört, für den oder zugunsten dessen dieser gehandelt hat, und zur Begehung der Straftat benutzt worden oder ausschließlich oder hauptsächlich für die Begehung derselben angefertigt oder beschafft worden ist, auch wenn eine solche Folge im Gesetz nicht ausdrücklich für die betreffende Straftat vorgeschrieben ist.

Beträge und der Wert von Sachen, auf deren Einziehung das Gericht erkannt hat, ohne die Vernichtung der betreffenden Sachen anzuordnen, verfallen dem Staat. Doch soll in diesem Fall ein vom Täter nicht beizutreibender Schadenersatz aus dem Wert der Sache oder der Sachen bestritten werden, wenn ein Anspruch darauf in der im 9. Kapitel genannten Frist gestellt worden ist. Wenn die Sache oder die Sachen auf Grund von Absatz 3 für verfallen erklärt worden sind, soll einer, der in gutem Glauben als Sicherheit für eine Forderung eine Hypothek erhalten hat, für deren Wert entschädigt werden, einerlei, ob die Forderung fällig ist oder nicht; er hat jedoch in der obenerwähnten Frist seinen Anspruch darauf geltend zu machen, widrigenfalls die Hypothek oder das Pfand- oder Zurückbehaltungsrecht hinfällig wird.

Darüber, wann eine Sache oder Sachen, auf deren Einziehung das Gericht erkannt hat, selbst vom Staat eingezogen werden können, wobei dieser für die in Absatz 4 erwähnten Entschädigungen oder Forderungen aufzukommen hat, werden besondere Vorschriften erlassen. Gesetz vom 13. Mai 1932.

§ 17. Ist eine Drucksache, Schrift oder bildliche Darstellung in bezug auf ihren Inhalt für verfänglich erklärt worden, so sind die Exemplare derselben, die sich im Besitz des Verfassers, Herausgebers, Verlegers, Verfertigers, Verbreiters, Ausstellers oder öffentlichen Verkäufers befinden, sowie die Platten und Formen, die ausschließlich zur Herstellung der betreffenden Erzeugnisse bestimmt waren, ohne Rücksicht darauf, wem sie gehören mögen, für verfallen zu erklären und unbrauchbar zu machen. Wird nur ein Teil der Drucksache, Schrift oder bildlichen Darstellung für verfänglich befunden und kann dieser Teil mit geringer Mühe von den übrigen Teilen getrennt werden, so ist lediglich der verfängliche Teil sowie der entsprechende Teil der Platten und Formen für verfallen zu erklären und seine Unbrauchbarmachung anzuordnen.

§ 18. In einigen Fällen wird eine Straftat nach Maßgabe der in diesem Gesetz angegebenen Bestimmungen mit anderen Folgen als den jetzt genannten bestraft[1]).

3. Kapitel.

Gründe, die die Strafbarkeit ausschließen oder mindern.

§ 1. Eine sonst strafbare Handlung bleibt straflos, wenn sie von einem Kind begangen wird, bevor es das fünfzehnte Lebensjahr vollendet hat.

Die Maßnahmen, denen ein solches Kind unterworfen werden kann, werden im Kinderschutzgesetz bestimmt. Gesetz vom 31. Mai 1940.

§ 2. Begeht ein Jugendlicher eine Straftat, der das fünfzehnte, aber nicht das achtzehnte Lebensjahr vollendet hat, so ist, wenn es sich um ein mit der Todesstrafe oder lebenslänglichem Zuchthaus bedrohtes Ver-

---

1) Siehe das Gesetz über die gefährlichen Rückfallverbrecher vom 27. Mai 1932, gedruckt als Anhang zu diesem StGB.

brechen handelt, auf Zuchthaus von zwei bis zu zwölf Jahren zu erkennen. In den übrigen Fällen beträgt die Strafe in allgemeiner Strafart höchstens drei Viertel der strengsten Strafe, die in jeder Strafart für die betreffende Straftat angedroht ist, und nicht weniger als der Mindestbetrag, auf den in jeder dieser Strafarten gemäß Kapitel 2 erkannt werden darf. Ist das Verbrechen mit keiner anderen Strafe in allgemeiner Strafart bedroht als mit zeitigem Zuchthaus, so kann auch auf Gefängnis bis zu drei Vierteln des Höchstbetrages dieser Zuchthausstrafe, jedoch nicht über vier Jahre, und wenigstens auf den Mindestbetrag, der in dem genannten Kapitel für Gefängnis gestattet ist, erkannt werden[1]).

Anstatt des Verlustes der bürgerlichen Ehrenrechte wird, wenn der Verurteilte das 18. Lebensjahr nicht vollendet hat, auf zeitige, höchstens dreijährige, Unfähigkeit, als Zeuge auszusagen, erkannt.

§ 3. Eine Tat ist nicht strafbar, wenn sie von einem Geisteskranken oder von jemandem, der aus Altersschwäche oder einer anderen ähnlichen Ursache unzurechnungsfähig ist, begangen wird.

Befindet sich jemand in einer solchen zufälligen Geistesverwirrung, daß er seiner nicht bewußt ist, so ist eine Tat, die er in diesem bewußtlosen Zustand verübt, ebenfalls nicht strafbar.

§ 4. Wenn das Gericht der Ansicht ist, daß jemand bei der Begehung einer Straftat des vollen Gebrauchs der Vernunft nicht mächtig war, obwohl man ihn nicht nach § 3 als unzurechnungsfähig betrachten kann, so ist auf eine Strafe in allgemeiner Strafart nach Maßgabe von § 2 zu erkennen.

In diesem Fall darf ein Rausch oder eine andere ähnliche, vom Täter selbst verschuldete Geistesverwirrung nicht allein als Grund zu einer derartigen Strafminderung angesehen werden.

§ 5. Eine Handlung, die eher auf einen Zufall als auf Verschulden zurückzuführen ist, darf nicht bestraft werden.

§ 6. Hat jemand, um sich selbst oder einen anderen oder eigenes oder eines anderen Eigentum gegen einen begonnenen oder unmittelbar drohenden rechtwidrigen Angriff zu schützen, eine Handlung begangen, die, obwohl sonst strafbar, zur Abwehr des Angriffs notwendig war, so ist er für diese Notwehr nicht zu bestrafen.

§ 7. Dringt jemand unerlaubterweise in eines anderen Zimmer, Haus, Hof oder Schiff ein, oder setzt sich jemand zur Wehr gegen einen, der auf frischer Tat sein Eigentum zurücknehmen will, so ist gleichfalls ein Recht zur Notwehr vorhanden.

§ 8. Macht ein Strafgefangener oder eine andere verhaftete Person einen Ausbruchsversuch oder setzt er sich zur Wehr gegen den Gefangenenwärter oder einen anderen, der den Ausbruch verhindern will, oder gegen den, unter dessen Aufsicht er sich in einer Strafanstalt, in Haft oder in einem anderen Gewahrsam oder während des Transportes befindet, wenn dieser ihn zur Ordnung anhält; oder setzt sich jemand, der verhaftet werden soll oder aus einem Gefängnis ausgebrochen ist, zur Wehr gegen den, der die Verhaftung vorzunehmen oder den Ausge-

---

[1]) Siehe das Gesetz über die jugendlichen Rechtsbrecher vom 31. Mai 1940, gedruckt als Anhang zu diesem StGB.

brochenen zu greifen hat, oder gegen einen, der dabei behilflich ist, so ist ebenfalls soweit Gewalt anzuwenden, wie es zur Verhinderung des Ausbruchs, Aufrechterhaltung der Ordnung, Durchführung der Verhaftung oder Ergreifung des Ausgebrochenen erforderlich ist.

Das gleiche gilt, wenn jemand anders sich gewalttätig oder unter Androhung von Gewalt gegen einen zur Wehr setzt, der einen Ausbruch verhindern, die Ordnung aufrechterhalten, eine Verhaftung vornehmen oder einen Ausgebrochenen festnehmen will.

§ 8 a. Die Bestimmungen von § 8 sind entsprechend auch sonst anzuwenden, wenn jemand einem Polizeibeamten bei der Ausübung seiner Dienstpflichten, die die Aufrechterhaltung der Ordnung und Sicherheit bezweckt, gewalttätig oder unter Androhung von Gewalt Widerstand leistet. Der Polizeibeamte darf jedoch in einem derartigen Fall nicht offensichtlich mehr Gewalt anwenden, als sich unter Berücksichtigung der Gefährlichkeit des Widerstandes, der Person des Widerstand Leistenden und der Notwendigkeit, die Ordnung zu sichern, vertreten läßt. Über die Anwendung von Waffengewalt in gewissen Fällen zur Auseinandertreibung von Zusammenrottungen sind besondere Vorschriften erlassen. Gesetz vom 13. Mai 1932.

§ 9. Hat jemand in den in § 6, 7, 8 und 8 a genannten Fällen mehr Gewalt angewandt, als die Not erforderte, so hat er Strafe verwirkt; diese kann jedoch nach den Umständen gemäß dem 1. Absatz von § 2 herabgesetzt werden. War eine so dringende Not oder Gefahr vorhanden, daß er sich nicht besinnen konnte, so ist er nicht zu bestrafen. Gesetz vom 13. Mai 1932.

§ 10. Hat jemand, um sich oder einen anderen oder eigenes oder eines anderen Eigentum aus einer unmittelbaren Gefahr zu retten, eine strafbare Handlung begangen, und wäre eine Rettung ohne dieselbe unmöglich gewesen, so hat das Gericht nach der Art der Tat und den Umständen zu entscheiden, ob er straflos ausgehen soll oder ob er eine volle Strafe oder eine nach Maßgabe des 1. Absatzes von § 2 herabgesetzte Strafe verwirkt hat.

§ 11. Ist jemand, der eine Straftat begangen hat, für dieselbe, ohne verurteilt zu sein, lange Zeit in Haft gehalten worden, so ist diese Haft nach den Umständen auf die zu verhängende Strafe gebührend anzurechnen.

4. Kapitel.

Versuch.

§ 1. Wenn der Versuch nach dem Gesetz strafbar und eine besondere Strafe für ihn nicht bestimmt ist, so ist die Strafe nach der Gesetzesstelle zu verhängen, die die Strafe für die vollendete Straftat festsetzt, jedoch für einen, der das fünfzehnte, aber nicht das achtzehnte Lebensjahr vollendet hat, mit der in § 2 des 3. Kapitels vorgeschriebenen Herabsetzung einer Strafe in allgemeiner Strafart.

Ist die vollendete Straftat mit dem Verlust der bürgerlichen Ehrenrechte bedroht, so ist zu dieser Nebenstrafe für den Versuch nur der zu verurteilen, der eine Zuchthausstrafe verwirkt hat. Die Bestimmungen über Amtsentsetzung, Unfähigkeit zur Bekleidung öffentlicher Ämter, Dispensierung vom Dienst sowie sonstige Folgen, die nach dem Gesetz mit der vollendeten Straftat verbunden sind, sind auch bei der Bestrafung des Versuchs anzuwenden.

§ 2. Hat der Täter aus eigenem Antriebe, nicht wegen äußerer Hindernisse, die Ausführung der Straftat aufgegeben oder die zur Vollendung derselben gehörende Wirkung abgewendet, so bleibt der Versuch straflos.

Enthält der Versuch eine Handlung, die an sich eine besondere Straftat bildet, so ist diese zu bestrafen.

§ 3. Die Vorbereitung einer Straftat ist nur dann strafbar, wenn das im Gesetz besonders vorgeschrieben ist.

Auf die strafbare Vorbereitung ist das in § 2 über den Versuch Gesagte anzuwenden.

5. Kapitel.

Teilnahme.

§ 1. Haben zwei oder mehrere gemeinschaftlich eine Straftat begangen, so wird jeder von ihnen als Täter bestraft.

§ 2. Wer einen anderen vorsätzlich durch Aufforderung, Geschenke, Verführung oder sonstwie zur Begehung einer Straftat bestimmt oder verleitet, wird, einerlei ob die Straftat vollendet wird oder beim strafbaren Versuch bleibt, wegen Anstiftung bestraft, als wäre er selbst der Täter.

§ 3. Hat jemand während oder vor der Begehung einer Straftat durch einen andern vorsätzlich mit Rat und Tat oder durch Ermunterung der Ausführung Vorschub geleistet, so wird er, falls die Straftat vollendet wurde oder — bei gleicher Strafandrohung für Versuch und vollendete Tat — beim Versuch blieb, wegen Beihilfe nach der Gesetzesstelle verurteilt, die zur Anwendung hätte kommen müssen, wenn er der Täter gewesen wäre. Dabei ist jedoch nach § 2 des 3. Kapitels für einen, der das fünfzehnte, aber nicht das achtzehnte Lebensjahr vollendet hat, die Strafe in allgemeiner Strafart zu ermäßigen. Blieb es bei einem Versuch, der nach § 1 des 4. Kapitels zu bestrafen ist, so ist für den Gehilfen höchstens auf die Hälfte derjenigen Strafe zu erkennen, die ihn hätte treffen können, wenn der Täter die Straftat vollendet hätte.

Ist die vollendete Straftat mit dem Verlust der bürgerlichen Ehrenrechte bedroht, so ist zu dieser Nebenstrafe für Beihilfe lediglich ein solcher zu verurteilen, der Zuchthausstrafe verwirkt hat. Die Bestimmungen über Amtsentsetzung, Unfähigkeit zur Bekleidung öffentlicher Ämter, Dispensierung vom Dienst und andere Nebenstrafen, die nach dem Gesetz den Täter treffen, sind auch bei der Bestrafung des Gehilfen anzuwenden.

Anstiftung zur strafbaren Beihilfe wird wie Beihilfe bestraft.

Die Bestimmungen dieses Paragraphen über Beihilfe sollen auf die in den Kapiteln 41, 42, 43 und 44 genannten sowie auf andere diesen vergleichbare Straftaten keine Anwendung finden.

§ 4. Wenn besondere Umstände bei jemandem die Strafbarkeit irgendeiner Handlung ausschließen, vermindern oder erhöhen, ist das nur solchen Tätern, Anstiftern oder Gehilfen zuzurechnen, bei denen die erwähnten Umstände vorliegen.

§ 5. Obige Strafbestimmungen für Teilnahme an Straftaten sind in den Fällen nicht anzuwenden, wo in diesem Gesetz etwas anderes darüber verordnet ist.

6. Kapitel.

Rückfall[1]).

§ 1. Wenn jemand, der eine Zuchthausstrafe oder eine unmittelbar verhängte Gefängnisstrafe oder eine Geldstrafe von wenigstens 75 Tagesgeldbußen ganz oder teilweise verbüßt hat, eine Straftat begeht, für die auf eine Freiheitsstrafe von mehr als drei Monaten erkannt werden kann, so ist die Tatsache seiner Vorbestraftheit als erschwerender Umstand anzusehen, falls nicht § 2 anzuwenden ist. Gesetz vom 17. November 1939.

§ 2. Wer nach Verbüßung einer für ein oder mehrere Verbrechen verhängten Zuchthausstrafe oder einer unmittelbar verhängten Gefängnisstrafe von wenigstens einem Jahr, die er in einem Strich oder in Raten verbüßt hat, eine Straftat begeht, für die als strengste Strafe eine zeitige Freiheitsstrafe von mindestens sechs Monaten verhängt werden kann, ist dafür, wenn die Straftat nicht unter mildernden Umständen begangen wurde, als Rückfallsverbrecher zu Zuchthausstrafe oder, wenn für die betreffende Straftat auf Gefängnis erkannt werden kann, zu Zuchthaus- oder Gefängnisstrafe zu verurteilen, und zwar jeweils zum anderthalbfachen Betrag der für die Straftat festgesetzten Höchststrafe. Hat der Täter früher eine derartige Strafe von wenigstens drei Jahren Dauer verbüßt, so beträgt die Zuchthausstrafe höchstens das Doppelte der längsten für die betreffende Straftat festgesetzten Freiheitsstrafe und die Gefängnisstrafe höchstens das Doppelte der längsten für die Straftat festgesetzten Gefängnisstrafe. Wer jedoch eine einjährige Freiheitsstrafe verbüßt hat, darf zu nicht mehr als fünfzehn Jahren Zuchthaus, und wer eine dreijährige Freiheitsstrafe verbüßt hat, zu nicht mehr als zwanzig Jahren Zuchthaus verurteilt werden. Gesetz vom 17. November 1939.

§ 3. Das Gericht hat zu entscheiden, ob eine im Ausland verbüßte Strafe nach den Bestimmungen von § 1 und § 2 bei der Festsetzung des Strafmaßes für eine neue Straftat zu berücksichtigen ist. Gesetz vom 17. November 1939.

§ 4. Eine Strafe, die dem Täter auf dem Gnadenwege ganz oder teilweise erlassen worden ist, soll bei der Anwendung der §§ 1, 2 und 3 einer verbüßten Strafe gleichgeachtet werden.

Jemand, dem die Todesstrafe auf dem Gnadenwege erlassen worden ist, soll einem solchen gleichgestellt werden, der von der lebenslänglichen Zuchthausstrafe begnadigt ist. Gesetz vom 17. November 1939.

[1]) Siehe das Gesetz über die gefährlichen Rückfallsverbrecher vom 27. Mai 1932. Über Rückfälligkeit in militärischen Verbrechen ist im Militärstrafgesetz vom 30. Mai 1919, § 30, in der durch Gesetz vom 20. März 1942 geänderten Fassung bestimmt.

§ 5. Die Bestimmungen dieses Kapitels sind nicht anzuwenden, wenn vor der Begehung der neuen Straftat wenigstens fünf Jahre seit dem Tage vergangen sind, an dem der Täter eine Strafe in allgemeiner Strafart voll verbüßt hat, zu der er für eine frühere, in § 1 oder 2 bezeichnete Straftat verurteilt worden ist. Wenn seit der Verbüßung irgendeiner Strafe fünf Jahre vergangen sind, bis die nächste nach § 2 in Betracht zu ziehende Straftat begangen wurde, sind diese Strafe und vor ihr verbüßte Strafen bei der Berechnung des Strafmaßes einer früher verbüßten, in dem genannten Paragraphen genannten Freiheitsstrafe nicht zu berücksichtigen.

Auf eine erhöhte Strafe ist auch dann nicht zu erkennen, wenn die frühere Straftat begangen wurde, bevor der Täter das achtzehnte Lebensjahr vollendet hatte. Ist die früher vom Täter verbüßte Strafe für mehrere Straftaten zugleich verhängt worden, von denen ein Teil vor der Vollendung seines achtzehnten Lebensjahres und ein Teil danach begangen worden ist, so hat das Gericht bei der Anwendung von § 2 zu entscheiden, welchen Teil der Gesamtstrafe man als denjenigen Straftaten entsprechend betrachten muß, die der Täter vor Vollendung des achtzehnten Lebensjahres verübt hat. Gesetz vom 17. November 1939.

7. Kapitel.

Zusammentreffen von strafbaren Handlungen.

§ 1. Sind durch ein und dieselbe Handlung mehrere Straftaten verübt worden, so ist nur auf eine Strafe in allgemeiner Strafart zu erkennen, aber der Umstand, daß es sich um mehrere Straftaten handelt, als erschwerend in Betracht zu ziehen. Sind die Straftaten mit verschiedenen Strafen bedroht, so kommt die Gesetzesstelle zur Anwendung, die die strengste Strafe vorschreibt. Ist in der strengsten Gesetzesstelle Gefängnis angedroht, entweder allein oder neben Geldstrafe, und in einer anderen Gesetzesstelle Zuchthaus, so ist die Gefängnisstrafe nach Abzug eines Viertels in Zuchthaus umzuwandeln, außer wenn die letztgenannte Gesetzesstelle auch eine mildere Strafart vorsieht und die Strafe nach dem Ermessen des Richters in dieser Strafart zu verhängen ist.

§ 2. Wenn wiederholte strafbare Handlungen Fortsetzungen derselben Straftat bilden, ist der Schuldige wie für eine einzige Straftat zu bestrafen, aber der Umstand, daß die Straftat fortgesetzt wurde, als erschwerend in Betracht zu ziehen.

§ 3. Hat sich jemand mehrere strafbare Handlungen zuschulden kommen lassen, die nicht Fortsetzungen derselben Straftat bilden, sondern verschiedene Straftaten sind, so ist für jede derselben unter Einhaltung der Bestimmungen der §§ 4, 5 und 6 eine Strafe in allgemeiner Strafart zu verhängen.

§ 4. Hat jemand die Todesstrafe oder lebenslängliche Zuchthausstrafe verwirkt, so gehen alle übrigen Strafen in allgemeiner Strafart in der Todesstrafe und alle Freiheits- und Geldstrafen in der Zuchthausstrafe auf.

§ 5. Hat jemand mehrere zeitliche Freiheitsstrafen verwirkt, so ist auf eine Gesamtstrafe zu erkennen, indem der schwersten dieser Strafen oder, wenn für zwei oder mehr Straftaten gleiche Strafen verhängt worden sind und auf keine noch schwerere Strafe erkannt worden ist, einer dieser Strafen höchstens drei Viertel der übrigen Strafen hinzugefügt werden. Ist eine der Strafen in einer schwereren Strafart verhängt als die der strengsten Strafe, so ist die letztgenannte Strafe in die schwerere Strafart umzuwandeln und in der oben ausgeführten Weise zu erhöhen.

Im übrigen ist folgendes zu beachten:

1. Eine zeitliche Freiheitsstrafe darf nicht für längere Dauer als fünfzehn Jahre Zuchthaus und sechs Jahre Gefängnis verhängt werden. Wenn von zusammenzufassenden Strafen eine oder mehrere nach § 2 des 6. Kapitels erhöht worden sind, darf die Dauer der Gesamtfreiheitsstrafe fünfundzwanzig Jahre Zuchthaus und zehn Jahre Gefängnis nicht überschreiten.

Eine Gefängnisstrafe, die mit zeitlicher Zuchthausstrafe zusammentrifft, ist mit Abzug eines Viertels in Zuchthaus umzuwandeln. Entstehen hierbei Bruchteile von Tagen, so sind sie wegzulassen. Gesetz vom 17. November 1939.

§ 6. Mit einer zeitlichen Freiheitsstrafe soll keine Geldstrafe vereinigt werden.

Wird jemand zu zwei oder mehr Geldstrafen verurteilt, so sind diese, außer wenn § 4 anzuwenden ist, in ihrem vollen Betrag zusammenzufassen und eine Ersatzfreiheitsstrafe gemäß § 5 des 2. Kapitels nach dem Gesamtbetrag der Geldstrafen festzusetzen. Gesetz vom 17. November 1939.

§ 7. Hat in den oben in diesem Kapitel genannten Fällen der Schuldige für eine Straftat Amtsentsetzung, Dispensierung vom Dienst, Unfähigkeit zur Bekleidung öffentlicher Ämter oder Verlust der bürgerlichen Ehrenrechte oder eine andere ähnliche Nebenstrafe verwirkt, so ist außer auf die Strafe in allgemeiner Strafart auch auf diese Nebenstrafe zu erkennen.

§ 8. Ist jemand, nachdem er für eine oder mehrere Straftaten verurteilt worden ist, für schuldig befunden worden, vor der Fällung dieses Urteils noch andere Straftaten verübt zu haben, so ist der Schuldige, einerlei ob er die Strafe ganz oder teilweise oder gar nicht verbüßt hat, so zu bestrafen, als ob er für sämtliche Straftaten gleichzeitig zur Verantwortung gezogen würde; auf die Gesamtstrafe ist dann der eventuell vollzogene Teil der früheren Strafe anzurechnen.

Strafen, die für solche Straftaten verhängt werden, von denen die eine begangen wurde, nachdem für die andere bereits auf eine Strafe erkannt worden war, sind nicht zusammenzufassen. Gesetz vom 17. November 1939.

§ 9. Wenn mehrere Strafen, die nach den Bestimmungen dieses Kapitels zusammengefaßt werden müssen, gleichzeitig zu vollstrecken sind, hat der Leiter des Gefängnisses davon dem Hofgericht Meldung zu machen, und dieses hat die Strafen zusammenzufassen.

Das gleiche gilt auch dann, wenn eine oder einige der Strafen, die zusammengefaßt und gleichzeitig vollstreckt werden müssen, bereits verbüßt sind und die übrigbleibenden somit gesondert vollstreckt werden müssen.

Ist lediglich auf Geldstrafe erkannt worden, so sind die Geldstrafen bei der Vollstreckung zusammenzufassen und gemäß diesem Gesetz in die entsprechende Gefängnisstrafe umzuwandeln. Gesetz vom 17. November 1939.

§ 10 ist durch das Gesetz vom 17. November 1939 aufgehoben worden.

8. Kapitel.

Frist der Strafverfolgung und der Strafvollstreckung

(Gesetz vom 17. November 1939).

§ 1. Das Recht zur Strafverfolgung verjährt:

1. in zwanzig Jahren, wenn die schwerste Strafe für das betreffende Verbrechen eine zeitliche Zuchthausstrafe von mehr als sechs Jahren ist;

2. in zehn Jahren, wenn die schwerste Strafe Zuchthaus über zwei Jahre und bis zu sechs Jahren oder Gefängnis von mehr als vier Jahren ist;

3. in fünf Jahren, wenn sie Zuchthaus bis zu zwei Jahren oder Gefängnis von mehr als einem Jahr und bis zu vier Jahren ist;

4. in zwei Jahren, wenn sie Gefängnis bis zu einem Jahr oder Geldstrafe ist;

5. in einem Jahr, wenn die Straftat eine der in den Kapiteln 41, 42, 43 oder 44 genannten oder damit vergleichbar ist.

Das Recht zur Strafverfolgung eines Amtsverbrechens verjährt, wenn die schwerste Strafe dafür nicht Zuchthaus von über sechs Jahren ist: in zehn Jahren, falls die betreffende Straftat mit Amtsentsetzung bedroht ist, und in den übrigen Fällen in fünf Jahren. Enthält das Amtsverbrechen zugleich eine andere Straftat, die innerhalb einer längeren Frist verfolgt werden darf, so gilt die längere Frist für beide Straftaten.

Die Strafverfolgungsfrist wird von dem Tage an gerechnet, an dem die Straftat begangen wurde, diesen Tag selbst nicht mitgerechnet.

Darf eine Strafverfolgung nach dem Gesetz nicht eintreten, bevor um Ehescheidung oder Auflösung der Ehe nachgesucht worden ist, so ist die Frist von dem Tage an zu rechnen, wo eine dahinzielende Klage erhoben worden ist, diesen Tag selbst nicht mitgerechnet. Ist Bedingung für das Recht zur Strafverfolgung eines Ehebruchsdeliktes die Zuerkennung von Unterhaltszahlung für ein im Ehebruch gezeugtes Kind, so ist die Frist von dem Tage an zu rechnen, wo das Urteil rechtskräftig wurde, diesen Tag selbst nicht mitgerechnet.

§ 2. Die Strafverfolgung ist als begonnen anzusehen, sobald derjenige, der einer Straftat beschuldigt werden soll, deshalb verhaftet oder gesetzlich zur Verantwortung gezogen worden ist.

Sind mehrere an einer Straftat beteiligt, so hat die Verhaftung oder Vorladung eines von ihnen nicht als Strafverfolgung der anderen zu gelten.

§ 3. Ist eine in der in § 1 angegebenen Frist begonnene Strafverfolgung unterbrochen worden, so ist für die Fortsetzung der Strafverfolgung die in dem genannten Paragraphen gesetzte Frist zu rechnen, und zwar von dem Tage an, wo die Unterbrechung eintrat, diesen Tag selbst nicht mitgerechnet.

§ 4. Wenn das Gesetz bestimmt, daß eine Straftat vom öffentlichen Ankläger nur verfolgt werden darf, falls der Verletzte einen Antrag darauf stellt, verjährt das Recht des Verletzten zur Strafverfolgung innerhalb eines Jahres von dem Tage, an dem er Kenntnis von der Straftat erhielt; doch darf eine Strafverfolgung nicht nach Ablauf der in § 1 gesetzten Frist eingeleitet werden.

Ist der Verletzte innerhalb der ihm zur Strafverfolgung zugestandenen Frist gestorben, ohne von seinem Recht zur Strafverfolgung Gebrauch gemacht zu haben, so sind seine Gattin, seine Kinder, Eltern oder Geschwister berechtigt, vor Ablauf jener Frist die Strafverfolgung einzuleiten, falls nicht der Verletzte gewollt hat, daß eine Strafverfolgung unterbleiben sollte.

Der Verletzte hat das Recht, einen gestellten Antrag zurückzunehmen, bevor die Sache vor Gericht zur Verhandlung kommt, und eine von ihm selbst eingeleitete Strafverfolgung einzustellen, bevor das Gericht erster Instanz sein Urteil gefällt hat. Nach seinem Tode haben seine obengenannten Angehörigen das gleiche Recht.

§ 5. Wird eine der in § 4 erwähnten Straftaten gegen jemanden begangen, der des vollen Gebrauchs der Vernunft nicht mächtig oder der minderjährig ist, so hat sein gesetzlicher Vertreter das Recht zur Strafverfolgung; für ihn gilt das in § 4 über den Verletzten Gesagte.

§ 6. Ist eine der in § 4 erwähnten Straftaten gegen jemanden, der des vollen Gebrauchs der Vernunft nicht mächtig oder der minderjährig ist, von seinem gesetzlichen Vertreter begangen worden, so darf der öffentliche Ankläger die Strafverfolgung einleiten, auch wenn kein Antrag darauf gestellt worden ist.

§ 7. Eine durch rechtskräftiges Urteil verhängte Strafe verjährt, wenn ihre Vollstreckung nicht begonnen hat:

1. innerhalb von dreißig Jahren, wenn das Urteil auf zeitliche Zuchthausstrafe von über sechs Jahren lautet;
2. innerhalb von zwanzig Jahren, wenn es auf Zuchthaus von zwei Jahren bis zu sechs Jahren oder auf Gefängnis über vier Jahre lautet;
3. innerhalb von zehn Jahren, wenn es auf Zuchthaus bis zu zwei Jahren oder auf Gefängnis von einem Jahr bis zu vier Jahren lautet;
4. innerhalb von fünf Jahren, wenn es auf Gefängnis bis zu einem Jahr oder auf Geldstrafe lautet.

Die obigen Fristen für die Strafvollstreckung sind von dem Tage an zu rechnen, an dem das Urteil gefällt wurde, diesen Tag selbst nicht mitgerechnet.

Ist der Täter zu mehreren Strafen verurteilt worden, die für die Vollstreckung zu einer Gesamtstrafe zusammengefaßt worden sind, so wird die Verjährung durch die Höhe der Gesamtstrafe bestimmt.

Ist als Nebenstrafe zu einer der obengenannten Strafen auf Unfähigkeit zur Bekleidung öffentlicher Ämter oder auf Verlust der bürgerlichen

Ehrenrechte erkannt worden, und ist die Strafe den obigen Bestimmungen gemäß verjährt, so hat diese Unfähigkeit oder dieser Verlust trotzdem für die im Urteil bestimmte Zeit in Kraft zu bleiben von dem Tage an, wo die Verjährung eintrat, diesen Tag selbst nicht mitgerechnet. Gesetz vom 17. November 1939.

§ 8. Ist eine Strafvollstreckung in der in § 7 angegebenen Frist begonnen, aber unterbrochen worden, so gilt für die Vollstreckung des Restes der Strafe die in jenem Paragraphen vorgeschriebene Frist von dem Tage an, wo die Strafvollstreckung unterbrochen wurde, diesen Tag selbst nicht mitgerechnet.

§ 9. Stirbt der Täter, so erlischt das Recht zur Strafverfolgung und Strafvollstreckung.

9. Kapitel.

Schadenersatz

§ 1. Ein durch eine strafbare Handlung einem anderen zugefügter Schaden ist von dem Schuldigen zu ersetzen, einerlei ob die Handlung vorsätzlich oder aus Fahrlässigkeit geschah.

Hat der Geschädigte durch eigene Schuld oder hat ein anderer von der Straftat unabhängiger Umstand zu dem Schaden beigetragen, so ist der Schadenersatz demgemäß zu ermäßigen.

§ 2. Unter Schadenersatz sind zu verstehen Vergütungen:

1. für notwendige Kosten, wie z. B. für beschädigtes, zerstörtes oder vergeudetes Gut oder für Arzthonorar oder ähnliches;

2. für Schmälerung der Einnahmen oder des Lebensunterhaltes, wie z. B. Schädigung oder Behinderung des Erwerbs oder ähnliches und

3. für ausgestandene Schmerzen oder für ein Gebrechen oder einen anderen dauernden Schaden sowie für Leiden, die durch Notzucht, Freiheitsberaubung oder ähnliches verursacht sind.

§ 3. Verlieren die Witwe oder die Kinder eines Getöteten infolge der Tötung ihres Ernährers den notwendigen Lebensunterhalt, so ist ihnen unter Berücksichtigung der Vermögensverhältnisse des Täters und der übrigen Umstände so viel als Schadenersatz zuzusprechen, wie sie brauchen, bis sie sich selbst ernähren können; dieser Schadenersatz kann entweder als einmaliger oder als zu bestimmten Zeiten zahlbarer festgesetzt werden.

§ 4. Wenn zwei oder mehrere an einer Straftat beteiligt sind, haftet jeder von ihnen für den vollen Schadenersatz. Wer eine Strafe nach den Bestimmungen des 32. Kapitels verwirkt hat, haftet auch für den Ersatz des Eigentums, an dem er sich vergriffen hat.

Für den Betrag, den der Täter in derartigen Fällen über seinen Anteil hinaus hat erstatten müssen, hat er ein Rückgriffsrecht gegenüber den übrigen.

§ 5. Ist ein Schaden von einem Kinde unter fünfzehn Jahren oder von einem Geisteskranken oder einer sonstigen unzurechnungsfähigen Person verursacht worden und kann der, der wegen unterlassener Aufsicht über eine solche Person oder wegen einer anderen ähnlichen Fahrlässigkeit zur Vergütung des Schadens verpflichtet worden ist, den Schadenersatz nicht zahlen, so ist dieser aus dem Eigentum des Täters zu entrichten.

§ 6. Ist die Strafe oder das Recht zur Strafverfolgung verjährt oder hat der Täter die Strafe verbüßt oder ist keine Strafverfolgung eingeleitet worden, so hat der Verletzte trotzdem das Recht, innerhalb der für eine Klage in Schuldsachen vorgeschriebenen Frist Schadenersatz zu fordern. Wenn die Strafverfolgungsfrist von längerer Dauer ist, gilt diese Dauer auch für die Erhebung des Anspruchs auf Schadenersatz.

§ 7. Das Recht, Schadenersatz für verfallenes Eigentum zu beanspruchen, verjährt, wenn die Klage nicht im Verlauf eines Jahres erhoben wird, gerechnet von dem Tage, an dem das Urteil, das die Verfallerklärung aussprach, rechtskräftig wurde, den genannten Tag selbst nicht mitgerechnet.

§ 8. Nach dem Tode des Geschädigten sind seine Rechtsnachfolger nicht berechtigt, den im Punkt 3 von § 2 genannten Schadenersatz zu fordern.

10. Kapitel.

Straftaten gegen die Religion.

§ 1. Wer öffentlich Gott lästert, wird mit Zuchthaus bis zu vier Jahren oder mit Gefängnis bestraft. Geschieht es aus Unbedachtsamkeit oder Jähzorn, so wird er mit Geldstrafe oder Gefängnis bis zu sechs Monaten bestraft.

§ 2. Wer das heilige Wort Gottes oder die Lehre, die Sakramente oder die kirchlichen Gebräuche einer in Finnland anerkannten, gestatteten oder geduldeten Religionsgesellschaft öffentlich beschimpft, wird mit Gefängnis bis zu sechs Monaten oder mit Geldstrafe bis zu (200 Mark) bestraft.

§ 3. Wer durch Gewalt oder Gewaltandrohung den Gottesdienst oder eine andere kirchliche Handlung oder Religionsübung einer in Finnland anerkannten, gestatteten oder geduldeten Religionsgesellschaft vorsätzlich verhindert, wird mit Gefängnis bis zu zwei Jahren bestraft.

Der Versuch ist strafbar.

Wer durch Lärm oder sonstiges Ärgernis einen solchen Gottesdienst oder eine solche kirchliche Handlung oder Religionsübung vorsätzlich stört, wird mit Gefängnis bis zu sechs Monaten oder mit Geldstrafe bis zu (300 Mark) bestraft.

§ 4. Wer auf die in § 3 genannte Weise die Andacht von Mitgliedern einer in Finnland anerkannten, gestatteten oder geduldeten Religionsgesellschaft in einer privaten Versammlung hindert oder stört, wird, falls er die Andacht verhindert hat, mit Geldstrafe oder Gefängnis bis zu acht Monaten, und falls er sie gestört hat, mit Geldstrafe bis zu (300 Mark) bestraft.

§ 5. Wer durch Zwang, List, Geschenke oder Vorspiegelung zeitlicher Vorteile ein Mitglied einer in Finnland anerkannten, gestatteten oder geduldeten Religionsgesellschaft verleitet, zu einer anderen Glaubenslehre überzutreten (oder durch Taufe oder eine andere Handlung jemanden, der das 21. Lebensjahr noch nicht vollendet hat, in eine andere Glaubenslehre aufnimmt als die, in der er erzogen werden soll), wird mit Gefängnis bis zu zwei Jahren oder mit Geldstrafe von (50) bis (4000) Mark bestraft.

Der Versuch ist strafbar.

Ist der Schuldige nicht finnischer Staatsangehöriger, so ist er zugleich zur Ausweisung nach verbüßter Strafe zu verurteilen, wenn die Straftat das erfordert.

Diese Gesetzesstelle ist durch das Gesetz vom 10. Juni 1921 geändert worden, das folgendes bestimmt:

Unter Aufhebung der Bestimmungen von § 5 des 10. Kapitels über die Bestrafung jemandes, der durch Taufe oder eine andere Handlung einen Minderjährigen in eine andere Glaubenslehre aufnimmt als die, in der er erzogen werden soll, wird hiermit durch Reichstagsbeschluß folgendes bestimmt:

Wer durch Taufe oder eine andere Handlung jemanden gesetzwidrig in eine Religionsgesellschaft aufnimmt, zu der dieser dem Gesetz nach nicht gehört, wird nach Maßgabe von § 5 des 10. Kapitels des Strafgesetzes bestraft.

§ 6. Wer seinen Diener oder jemand anders von seinem Hausgesinde am Besuch des Gottesdienstes hindert, so daß der oder die Betreffenden diesem selten oder nie beiwohnen dürfen, wird mit Geldstrafe bis zu (300 Mark) bestraft.

Die in diesem Paragraphen genannte Straftat ist vom öffentlichen Ankläger nicht zu verfolgen, wenn der Verletzte keinen Antrag darauf stellt.

11. Kapitel.

Hochverrat.

§ 2. Wer in der Absicht, einen Teil des Finnischen Staates einer fremden Macht zu unterstellen, oder in gesetzwidriger Weise die Verfassung Finnlands außer Kraft zu setzen oder zu ändern, eine Handlung begeht, durch die er seine Absicht verwirklicht oder zu verwirklichen versucht, wird wegen Hochverrats mit lebenslänglichem Zuchthaus oder mit Zuchthaus von wenigstens acht und höchstens zwölf Jahren bestraft.

§ 3. Haben zwei oder mehrere die Ausführung eines hochverräterischen Unternehmens verabredet, so werden sie wegen dieses Anschlages mit Zuchthaus von einem bis zu acht Jahren bestraft.

§ 4. Wer in der Absicht, Hochverrat zu begehen, sich mit einer fremden Regierung einläßt oder die ihm anvertraute Amtsgewalt mißbraucht oder Waffen anschafft oder Mannschaften anwirbt oder eine andere ähnliche Vorbereitungshandlung vornimmt, wird mit Zuchthaus von einem bis zu acht Jahren bestraft. Wer sich in gleicher Absicht zu einer solchen Mannschaft gesellt, wird mit Zuchthaus bis zu sechs Jahren bestraft.

§ 4 a. Wer

1. sich einer solchen Vereinigung, Organisation oder sonstigen Verbindung anschließt, die seines Wissens auf den gewaltsamen Umsturz der Staats- und Gesellschaftsordnung Finnlands hinarbeitet oder die mittelbare oder unmittelbare Förderung oder Unterstützung einer solchen Tätigkeit bezweckt, oder wer durch Werbung von Mitgliedern, Sammlung von Mitteln, Entrichtung von Beiträgen oder auf sonstige vergleichbare Weise für eine Vereinigung, die seines Wissens die obigen Eigenschaften hat, arbeitet;

2. an einer Versammlung teilnimmt, die seines Wissens zur Förderung einer auf Hochverrat abzielenden Tätigkeit einberufen worden ist, in der über eine Förderung einer solchen Tätigkeit oder über die Gründung einer Vereinigung von der in Punkt 1 genannten Art beraten wird oder Beschlüsse gefaßt werden, falls sich nicht aus den Umständen schließen läßt, daß es nicht seine Absicht war, eine solche Tätigkeit zu fördern;

3. durch Reden, Schriften oder auf sonstige Weise den Hochverrat oder die Vorbereitung zu diesem lobpreist oder Schriften oder andere Darstellungen verbreitet, von denen er weiß, daß sie zum Hochverrat oder der Vorbereitung desselben aufhetzen oder ihn lobpreisen, oder

4. in sonstiger Weise durch Reden oder Taten eine auf Hochverrat abzielende Tätigkeit fördert,

wird, wenn er nicht nach einem anderen Gesetzesparagraphen eine strengere Strafe verwirkt hat, mit Gefängnis von wenigstens zwei Monaten bestraft. Gesetz vom 23. Januar 1931.

§ 5. Die in § 2 des 4. Kapitels enthaltenen Bestimmungen über den Versuch sind auch auf den Versuch des Hochverrates oder die Vorbereitung zu demselben in Anwendung zu bringen.

§ 6. Wer eine in diesem Kapitel angedrohte Todes- oder Zuchthausstrafe verwirkt hat, dem sollen auch die bürgerlichen Ehrenrechte aberkannt werden. Wer eine andere in diesem Kapitel angedrohte Strafe verwirkt hat, ist, wenn das Verbrechen solches fordert, ebenfalls der bürgerlichen Ehrenrechte verlustig zu erklären.

12. Kapitel.

Landesverrat.

§ 1. Ein finnischer Staatsangehöriger, der in eine Wehrmacht eintritt, von der er weiß, daß sie dem Finnischen Staat feindlich ist, oder der nicht aus einer solchen Wehrmacht ausscheidet, wird wegen Landesverrats mit lebenslänglichem oder zeitlichem Zuchthaus, wenigstens von sechs Jahren, bestraft. Gesetz vom 20. August 1942.

§ 2. Ein finnischer Staatsangehöriger, der, wenn der Finnische Staat im Krieg steht oder von Krieg bedroht wird, zugunsten des Feindes oder zum Schaden Finnlands oder dessen Bundesgenossen absichtlich

1. in die Gewalt des Feindes bringt: eine Truppe, Stadt, Hafen, Festung oder einen sonstigen Verteidigungsplatz, ein Kriegsschiff oder sonstiges Schiff, ein Flugzeug oder sonstige für die Wehrmacht not-

wendige Fahrzeuge oder deren Zubehör, eine Funkstation, Kriegskasse, Waffen, Geschosse oder sonstiges Kriegsgerät, ein Ausrüstungs-, Lebensmittel- oder Brennstofflager oder etwas anderes dieser Art, oder der etwas Derartiges zerstört oder verdirbt, oder der eine Industrieanlage oder deren Maschinen oder Lager, eine Wasser-, Elektrizitäts- oder Gasleitung, einen Damm, eine telegraphische oder telephonische Anlage, einen Weg, Kanal, eine Eisenbahn oder Brücke, ein Seezeichen oder etwas anderes, mit diesen Dingen Vergleichbares beschädigt;

2. dem Feind Stärke, Zustand, Stellung oder Bewegung einer Truppe oder einen Beschluß oder Plan hierüber oder ein Kennwort oder sonstiges Kennzeichen oder einen Schlüssel für verschlüsselte Schrift mitteilt oder dem Feind eine Karte oder Zeichnung oder sonstige Mitteilung von der Wehrmacht, von einem Rüstungsbetrieb, Rundfunksender, Hafen, Wasser- oder Landweg gibt oder dem Feind als Führer oder Spion dient oder ihm einen Führer oder Spion verschafft oder einen feindlichen Spion oder eine damit vergleichbare Person unterstützt, beschützt oder versteckt oder für den Feind Truppen anwirbt oder beschafft oder einem Kriegsgefangenen zur Flucht verhilft oder einen entflohenen Kriegsgefangenen beschützt oder versteckt, oder

3. den Truppen Finnlands oder dessen Bundesgenossen bewaffneten Widerstand leistet oder die bewaffnete Macht daran hindert, Truppen gegen den Feind einzusetzen oder Truppen zum Überlaufen oder zur Desertion oder Flucht oder Meuterei oder sonstiger Untreue anstiftet oder als Führer eine Truppeneinheit oder ein Schiff in die Irre führt oder militärischen Führern oder dem betreffenden Rekognoszierer falsche Angaben über den Feind oder über etwas anderes macht, was die Kriegführung beeinflußt, oder nicht angibt, was er davon weiß,
wird wegen Landesverrats mit dem Tode oder mit lebenslänglichem oder zeitlichem Zuchthaus, wenigstens von sechs Jahren, bestraft.

Wenn ein finnischer Staatsangehöriger unter den in Punkt 1 erwähnten Umständen in anderer als der dort angegebenen Weise den Feind unterstützt oder zugunsten des Feindes Finnland oder dessen Bundesgenossen schädigt, wird er wegen Landesverrats mit lebenslänglichem oder zeitlichem Zuchthaus, wenigstens von vier Jahren, bestraft.

Der Versuch eines der in diesem Paragraphen erwähnten Verbrechen ist strafbar. Gesetz vom 20. August 1942.

§ 3. Wenn eine von den in § 2, Punkt 1 aufgezählten Handlungen aus Unvorsichtigkeit oder einer sonstigen Fahrlässigkeit begangen wird, tritt Gefängnisstrafe oder, bei erschwerenden Umständen, Zuchthausstrafe von höchstens sechs Jahren ein. Gesetz vom 20. August 1942.

§ 4. Wenn ein Ausländer während seines Aufenthaltes in Finnland oder im Dienst des finnischen Staates eins der in den §§ 1, 2 und 3 aufgezählten Verbrechen begeht, wird er wie ein finnischer Staatsangehöriger bestraft. Gesetz vom 20. August 1942.

§ 5. Ein finnischer Staatsangehöriger, der

1. die Regierung einer fremden Macht zum Krieg oder einer sonstigen feindseligen Handlung gegen Finnland oder zur Fortsetzung derselben

oder zum Bruch eines Militärbündnisses mit Finnland oder zur Ablehnung eines solchen Bündnisses auffordert, oder

2. bevor der Krieg erklärt ist oder angefangen hat, für sich oder andere der Regierung einer fremden Macht Hilfe in deren Krieg gegen Finnland verspricht,

wird mit zeitlichem Zuchthaus, wenigstens von zwei Jahren, bestraft. Gesetz vom 20. August 1942.

§ 6. Wer, wenn ihm von seiten Finnlands der Abschluß eines Vertrages oder Verhandlungen darüber mit einer fremden Macht aufgetragen sind, dies Vertrauen absichtlich zum offenbaren Schaden Finnlands mißbraucht, wird mit zeitlichem oder lebenslänglichem Zuchthaus bestraft.

Der Versuch ist strafbar.

Gesetz vom 18. Oktober 1939.

§ 7. Wer absichtlich, um einer fremden Macht zu nützen oder Finnland zu schaden, etwas mitteilt, was im Interesse der äußeren Sicherheit Finnlands oder zum Schutz von Finnlands Rechten oder wirtschaftlichen oder sonstigen Interessen geheimzuhalten ist, oder in der erwähnten Absicht sich Kenntnis von einer solchen Sache verschafft, wird, wenn die Straftat nicht nach § 2 zu bestrafen ist, mit zeitlichem oder lebenslänglichem Zuchthaus bestraft.

Dieselbe Strafe tritt ein, wenn jemand absichtlich, um einer fremden Macht zu nützen oder um Finnland oder einer fremden Macht zu schaden, sich Kenntnis von Dingen verschafft, die Finnlands Beziehungen zu einer fremden Macht schädigen können.

Wenn jemand eine der in Absatz 1 und 2 aufgezählten Handlungen begeht, ohne die dort genannte Absicht zu haben, aber im Bewußtsein, daß die im Absatz 1 erwähnten Dinge geheimzuhalten sind oder daß die Kenntnis der im Absatz 2 erwähnten Dinge Finnlands Beziehungen zu einer fremden Macht schädigen kann, oder wenn er Nachrichten sammelt, ohne sie bekanntgeben zu wollen, wird er mit Zuchthaus von höchstens sechs Jahren oder bei besonders mildernden Umständen mit Gefängnis oder Geldstrafe bestraft.

Der Versuch ist strafbar.

Gesetz vom 18. Oktober 1939.

§ 8. Wer absichtlich eine Urkunde fälscht, vernichtet, verdirbt, versteckt oder verheimlicht, die seines Wissens für Finnlands Sicherheit oder für die Wahrung von Finnlands Rechten oder Interessen wichtig ist, wird mit zeitlichem Zuchthaus bestraft.

Der Versuch ist strafbar.

Gesetz vom 18. Oktober 1939.

§ 9. Wenn zwei oder mehrere die Begehung eines der oben in diesem Kapitel erwähnten Verbrechen verabreden, wird jeder von ihnen wegen Verschwörung mit Zuchthaus von höchstens acht Jahren oder bei besonders mildernden Umständen mit Gefängnis bestraft.

Wer einen anderen zu einem der in diesem Kapitel aufgezählten Verbrechen anzustiften versucht, wird mit Zuchthaus von höchstens sechs Jahren oder mit Gefängnis bestraft.

Wer sich zur Begehung eines der in diesem Kapitel genannten Verbrechen mit einer fremden Macht oder mit einem Agenten einer solchen einläßt, wird wie in Absatz 2 bestraft.

Gesetz vom 18. Oktober 1939.

§ 10. Wer für eins der in diesem Kapitel erwähnten Verbrechen, das er absichtlich begangen hat, die Todesstrafe oder eine Zuchthausstrafe verwirkt hat, dem werden auch die bürgerlichen Ehrenrechte aberkannt; wer eine sonstige Freiheitsstrafe verwirkt hat, den soll das Gericht, wenn die Art der Straftat dazu Veranlassung gibt, ebenfalls der bürgerlichen Ehrenrechte verlustig erklären.

Wenn ein Beamter wegen eines der in diesem Kapitel aufgezählten Verbrechen, das er absichtlich und im Dienst begangen hat, zu einer Freiheitsstrafe verurteilt wird, soll er seines Amtes entsetzt und für untauglich zum Staatsdienst erklärt werden.

Gesetz vom 20. August 1942.

13. Kapitel.

Majestätsverbrechen sowie Tätlichkeit und Beleidigung gegenüber Mitgliedern des Kaiserlichen Hauses.

Dieses Kapitel ist durch die Verfassung vom 17. Juli 1919 praktisch bedeutungslos geworden.

14. Kapitel.

Straftaten gegen befreundete Staaten.

§ 1. Wer das Staatsoberhaupt eines befreundeten Staates ermordet oder durch vorsätzlichen oder sonstigen Totschlag um das Leben bringt, wird wegen Mordes mit dem Tode, wegen vorsätzlichen Totschlags mit lebenslänglichem Zuchthaus und wegen sonstigen Totschlags mit Zuchthaus von vier bis zu zwölf Jahren bestraft.

Der Versuch eines solchen Mordes oder vorsätzlichen Totschlags ist strafbar.

Für sonstige Tätlichkeiten gegen das Oberhaupt eines befreundeten Staates oder für einen strafbaren Versuch dazu ist je nach der Art der Straftat auf die Strafe zu erkennen, die in diesem Gesetz für ebensolche Tätlichkeiten gegen andere Personen angedroht ist; der Umstand, daß die Straftat sich gegen das Oberhaupt eines fremden Staates richtet, ist dabei als besonders erschwerend zu betrachten.

§ 2. Wer sich eine Beleidigung des Oberhauptes eines befreundeten Staates zuschulden kommen läßt, wird mit Gefängnis von zwei Monaten bis zu drei Jahren oder mit Geldstrafe von mindestens (300 Mark) bestraft.

§ 3. Wer sich gegen einen befreundeten Staat eine Straftat von der Art zuschulden kommen läßt, die in den §§ 2, 3 und 4 des 11. Kapitels dieses Gesetzes aufgezählt sind, wird, wenn zwischen Finnland und dem betreffenden fremden Staat in dieser Hinsicht ein Gegenseitigkeitsverhältnis besteht, mit Zuchthaus bis zu sechs Jahren oder mit Gefängnis bestraft. Verordnung vom 21. April 1894.

§ 4. Wird eine Mißhandlung oder sonstige Tätlichkeit oder eine Beleidigung gegenüber einem beim Präsidenten akkreditierten diplomatischen Vertreter einer fremden Macht verübt, so ist für Mißhandlung oder Tätlichkeit, wenn keine andere Gesetzesstelle eine schwerere Strafe vorschreibt, auf Gefängnis nicht unter vier Monaten und für Beleidigung auf Gefängnis von zwei Monaten bis zu zwei Jahren oder auf Geldstrafe von mindestens (100 Mark) zu erkennen.

Wer das an einem öffentlichen Platz ausgestellte Staatswappen eines befreundeten Staates oder ein anderes Hoheitszeichen desselben beschimpft, wird mit Gefängnis bis zu drei Monaten bestraft.

Wer gegen eine in gehöriger Ordnung verkündete Neutralitätsbestimmung verstößt, wird mit Gefängnis bis zu einem Jahr bestraft. Verordnung vom 21. April 1894.

§ 4 a. Wer durch eine Drucksache, Schrift, bildliche Darstellung oder sonstige Äußerungsmittel oder in anderer Weise öffentlich und vorsätzlich einen fremden Staat herabsetzt und dadurch die Gefahr einer Schädigung der Beziehungen Finnlands zu dem betreffenden Staat heraufbeschwört, wird mit Gefängnis bis zu zwei Jahren oder mit Geldstrafe bestraft. Gesetz vom 8. Mai 1948.

§ 5. Eine Strafverfolgung einer nach §§ 1—4 zu bestrafenden Straftat ist von dem öffentlichen Ankläger nicht einzuleiten, wenn nicht die Regierung des betreffenden fremden Staates darum bittet oder der Präsident der Republik es bestimmt.

Eine Strafverfolgung einer nach § 4 a zu bestrafenden Straftat ist von dem öffentlichen Ankläger nicht einzuleiten, wenn der Präsident der Republik es nicht anordnet. Gesetz vom 8. Mai 1948.

15. Kapitel.

Straftaten gegen (die Reichsstände) Finnlands und Störungen fremder Wahl- und Stimmrechte.

§ 1. Wer im Reichstag durch Gewalt oder durch Bedrohung mit Gewalt die Rede- oder Beschlußfreiheit (der Reichsstände), der Ausschüsse derselben oder (eines einzelnen Standes) stört oder sie daran hindert, sich zu versammeln, oder einen Versuch dazu macht, wird mit Zuchthaus von zwei bis zwölf Jahren bestraft.

Die Strafe für jemanden, der auf andere Weise ein Mitglied des Reichstags oder einen Angestellten (der Stände oder) eines Ausschusses mit Worten oder Taten angreift, ist in der Reichstagsordnung vorgeschrieben.

§ 2. Wer bei Wahlen zu öffentlichen Aufgaben oder Ämtern oder bei der Behandlung sonstiger öffentlicher Angelegenheiten durch Gewalt oder durch Bedrohung mit Gewalt einen anderen vorsätzlich in der Ausübung seines Wahl- oder Stimmrechts stört oder daran hindert, wird mit Gefängnis bis zu einem Jahr bestraft.

Der Versuch ist strafbar.

Die Strafe für Störung der Wahlfreiheit bei Wahlen von Reichstagsabgeordneten ist in der Reichstagsordnung vorgeschrieben.

§ 3. Wer in öffentlichen Angelegenheiten, wie Wahlen von Reichstagsabgeordneten oder zu anderen öffentlichen Aufträgen oder Ämtern, Stimmen oder eine Vollmacht zu einem Sitz im Ritterhaus kauft oder verkauft, wird mit Gefängnis bis zu einem Jahr oder mit Geldstrafe bestraft.

§ 4. Wer sich für einen anderen ausgibt und unter dem Namen desselben an den in § 3 genannten öffentlichen Verrichtungen teilnimmt oder vorsätzlich durch Betrug oder auf sonstige Weise ein unrichtiges Ergebnis der Abstimmung oder der Wahl herbeiführt oder die Klarstellung desselben verhindert, wird mit Gefängnis bis zu zwei Jahren bestraft.

§ 5. Ein Beamter, der im Dienst eine in diesem Kapitel angedrohte Strafe verwirkt, ist zugleich seines Amtes zu entsetzen.

16. Kapitel.

Straftaten gegen die öffentlichen Behörden und die öffentliche Ordnung.

§ 1. Wer durch Gewalt oder durch Bedrohung mit Gewalt einen Beamten zwingt oder zu zwingen versucht, eine Amtshandlung vorzunehmen oder zu unterlassen, oder ihm auf gleiche Weise in einer Amtsangelegenheit Widerstand leistet oder sonst gegen einen Beamten im Dienst, oder um sich an ihm für eine Amtshandlung zu rächen, Gewalt anwendet, wird mit Zuchthaus bis zu vier Jahren oder mit Gefängnis von mindestens drei Monaten oder, wenn besonders mildernde Umstände vorliegen, mit Gefängnis bis zu drei Monaten oder mit Geldstrafe von (50) bis zu (500 Mark) bestraft.

Wenn eine der ebenerwähnten Handlungen gegen jemanden, der zur Hilfeleistung bei einer öffentlichen Verrichtung bestimmt oder gewählt ist, oder gegen einen Wachtposten oder eine sonstige in der Ausübung des Dienstes begriffene Militärperson begangen wird, ist auf gleiche Strafe zu erkennen.

§ 2. Wer vorsätzlich, jedoch ohne Gewalt oder Bedrohung mit Gewalt, einen Beamten bei der Ausübung des Dienstes hindert, wird mit Gefängnis bis zu drei Monaten oder mit Geldstrafe bis zu (300 Mark) bestraft.

Auf gleiche Strafe ist zu erkennen, wenn die Straftat gegen eine der im zweiten Abschnitt von § 1 genannten Personen oder gegen jemanden, dem die Befugnis zu einer Haussuchung erteilt ist, begangen wird.

§ 3. Wenn sich eine Menschenmenge zusammenrottet und die Absicht verrät, mit vereinten Kräften eine der in § 1 genannten Straftaten zu begehen oder sonstwie die öffentliche Sicherheit und Ordnung zu stören, und auf die in § 6 erwähnte Aufforderung hin nicht auseinander geht, werden die Anstifter und Rädelsführer wegen Auflaufs mit Gefängnis bis zu zwei Jahren und von den übrigen jeder, der der Aufforderung nicht Folge geleistet hat, wegen der gleichen Straftat mit Gefängnis bis zu sechs Monaten oder mit Geldstrafe bis zu (500 Mark) bestraft.

§ 4. Begeht eine zusammengerottete Menschenmenge mit vereinten Kräften eine der in § 1 genannten Straftaten, so werden die Anstifter und Rädelsführer sowie jeder, der an der Begehung der Straftat teilgenommen hat, wegen Aufruhrs mit Zuchthaus von einem bis zu neun Jahren oder, wenn besonders mildernde Umstände vorliegen, mit Gefängnis von wenigstens sechs Monaten bestraft. Die übrigen Teilnehmer am Aufruhr sind zu Zuchthaus oder Gefängnis bis zu drei Jahren oder, wenn besonders mildernde Umstände vorliegen, zu Geldstrafe von mindestens (100 Mark) zu verurteilen.

§ 5. Hat eine zusammengerottete Menschenmenge mit vereinten Kräften in anderen als den in § 1 genannten Fällen gegen jemanden Gewalt angewandt oder sich mit Gewalt an öffentlichem oder privatem Eigentum vergriffen oder dieses geplündert, so werden die Anstifter und Rädelsführer sowie jeder Teilnehmer an Gewalttätigkeiten oder Plünderung mit Zuchthaus bis zu acht Jahren oder, wenn besonders mildernde Umstände vorliegen, mit Gefängnis von wenigstens drei Monaten und jeder von den übrigen mit Gefängnis bis zu sechs Monaten oder mit Geldstrafe bestraft.

§ 6. Verrät eine Menschenmenge die Absicht, einen Aufruhr zu erregen oder die öffentliche Sicherheit oder Ordnung zu stören, so hat die örtliche Zivilbehörde, nämlich der Statthalter des Staatsoberhauptes (der Kronsvogt), der Bezirksamtmann, der Bürgermeister, der Aufsichtsbeamte, der Polizeipräsident oder der Stellvertreter eines dieser Beamten, im Namen des Gesetzes dreimal mit lauter Stimme die Menschenmenge zum sofortigen Auseinandergehen aufzufordern. Geht die Menschenmenge daraufhin nicht auseinander, so ist Waffengewalt anzuwenden, um den Aufruhr oder Auflauf zu unterdrücken. Schreitet die Menschenmenge so plötzlich zu Gewalttätigkeiten, daß die Behörden nicht auf die angegebene Weise verfahren können, so hat die zuständige Behörde die Befugnis, anzuordnen, daß die Menschenmenge sofort mit Waffengewalt auseinanderzutreiben ist. In keinem Fall jedoch dürfen scharfe Waffen früher oder Waffen überhaupt länger gebraucht werden, als zur Unterdrückung des Aufruhrs oder Auflaufes unumgänglich notwendig ist.

Wenn auf die angegebene gesetzliche Weise Waffengewalt angewandt und dabei jemand aus der Menschenmenge verwundet oder getötet wird, bleibt das straflos.

§ 7. Wer bewaffnete Mannschaften sammelt oder beurlaubte Soldaten beisammenhält, um mit ihnen eine Straftat gegen die öffentliche Sicherheit oder Ordnung zu begehen, wird, wenn es sich nicht um ein Verbrechen handelt, das unter die Bestimmungen des 11. Kapitels fällt, mit Zuchthaus bis zu vier Jahren oder mit Gefängnis bestraft.

§ 8. Wer öffentlich in einer Menschenmenge oder durch Schriften oder sonstige Darstellungen, die er verbreitet oder veröffentlicht oder sichtbar ausgestellt hat, zu einem Verbrechen auffordert oder zu verleiten versucht, wird, wenn daraufhin ein Verbrechen oder ein strafbarer Versuch stattfindet, als Anstifter bestraft. Wenn die Aufforderung keine derartigen Folgen hat, wird der Schuldige, falls er zu Hochverrat, Landesverrat, Aufruhr, Mord, Raub oder zu einem solchen Verbrechen aufzuwiegeln versucht hat, das eine allgemeine Gefährdung für Leben, Gesundheit oder Besitz mit sich bringt, mit Zuchthaus von höchstens fünf Jahren oder mit Gefängnis von wenigstens sechs Monaten bestraft; falls er aber zu einer anderen Straftat aufgefordert hat, mit Gefängnis von höchstens zwei Jahren oder mit Geldstrafe. Es ist jedoch auf keine schwerere Strafe zu erkennen, als wie sie für Anstiftung zu der Straftat hätte verhängt werden können.

Wer in der erwähnten Weise zum Ungehorsam gegen das Gesetz oder gegen gesetzliche Bestimmungen auffordert oder eine Handlung, die im Gesetz mit Strafe bedroht ist, lobpreist oder als straflos hinzustellen versucht, wird mit Gefängnis von höchstens einem Jahr oder mit Geldstrafe bestraft. Gesetz vom 16. April 1919.

§ 8 a. Wer einer Vereinigung oder sonstigen Verbindung beitritt, zu deren Zielen die Einflußnahme auf staatliche Dinge gehört und die seines Wissens hinsichtlich des Gehorsams, der von den Mitgliedern verlangt wird, sowie hinsichtlich ihrer Gliederung in Formationen und Gruppierungen oder ihrer Bewaffnung ganz oder teilweise militärisch organisiert ist oder organisiert werden soll, wird, wenn er nicht nach einer anderen Gesetzesstelle eine strengere Strafe verwirkt hat, mit Geldstrafe oder mit Gefängnis von höchstens sechs Monaten bestraft. Wer eine solche Organisation gründet, leitet oder zu ihrer Gründung anstiftet oder einen anderen öffentlich zum Beitritt zu einer solchen Organisation auffordert oder zu verleiten sucht, wird, wenn er nicht nach einer anderen Gesetzesstelle eine strengere Strafe verwirkt hat, mit Gefängnis von höchstens einem Jahr bestraft.

Ein Beamter, der eine der in diesem Paragraphen aufgezählten Straftaten begeht, kann, auch wenn diese nicht im Dienst begangen ist, außerdem zur Dienstentlassung verurteilt werden. Gesetz vom 20. Juli 1933.

§ 9. Wer einen Wehrpflichtigen im Frieden oder im Kriege verleitet, der Musterung oder dem regulären Dienst oder einer Reservistenübung fernzubleiben, oder einen Versuch dazu macht, wird mit Gefängnis oder mit Zuchthaus bis zu drei Jahren bestraft. Ist die Straftat öffentlich in einer Menschenmenge oder in der Zeitung oder durch eine sonstige Schrift oder andere Darstellung, die er verbreitet oder ausgestellt hat, begangen worden, so ist auf Zuchthaus von einem bis zu sieben Jahren oder auf Gefängnis von wenigstens einem Jahr zu erkennen.

Zu gleicher Strafe ist zu verurteilen, wer einen Wehrpflichtigen verleitet oder zu verleiten versucht, gegen seine Vorgesetzten Gewalttätigkeiten zu begehen, ihnen ungehorsam zu sein oder sonstwie seinen Dienstpflichten zuwiderzuhandeln, wenn nicht nach einer anderen Gesetzesstelle auf eine schwerere Strafe zu erkennen ist.

Wer jemanden, der sich der Wehrdienstpflicht zu entziehen sucht, versteckt oder unterstützt, wird mit Gefängnis oder mit Zuchthaus bis zu drei Jahren bestraft.

Wenn in den ebenerwähnten Fällen besonders mildernde Umstände vorliegen, ist auf Gefängnis bis zu einem Jahr oder auf Geldstrafe zu erkennen. Gesetz vom 3. Dezember 1943.

§ 10. Wer vorsätzlich einen Gefangenen aus einer Strafanstalt, Haft oder sonstigem Gewahrsam oder aus der Obhut dessen, der ihn bewacht, begleitet oder transportiert, befreit oder einem Gefangenen oder jemandem, der ausgebrochen ist und ergriffen werden soll, zur Flucht verhilft, wird mit Zuchthaus bis zu drei Jahren oder mit Gefängnis von zwei Monaten bis zu drei Jahren bestraft.

Ist der Täter mit dem Gefangenen in direkt auf- oder absteigender Linie verwandt oder verschwägert oder sein Gatte, seine Gattin, sein Pflegevater, seine Pflegemutter, sein Pflegekind, sein Bruder oder seine Schwester oder der Gatte bzw. die Gattin eines der beiden Letztgenannten oder mit dem Gefangenen verlobt, so ist auf Gefängnis bis zu zwei Jahren oder Geldstrafe nicht unter (100 Mark) zu erkennen.

Der Versuch ist strafbar.

§ 11. Wenn jemand, der den Auftrag erhalten hat, einen Gefangenen zu bewachen, zu begleiten oder zu tranportieren, ihn absichtlich freiläßt oder vorsätzlich seinen Ausbruch fördert, wird er mit Zuchthaus bis zu vier Jahren oder mit Gefängnis nicht unter drei Monaten bestraft.

Der Versuch ist strafbar.

Hat eine solche Person durch Fahrlässigkeit den Ausbruch eines Gefangenen verschuldet, so ist auf Gefängnis bis zu sechs Monaten oder auf Geldstrafe bis zu (500 Mark) zu erkennen.

Ist in diesen Fällen der Schuldige Gefangenenwärter oder Gefangenenführer, so ist er, wenn die Straftat es erfordert, für unfähig zu erklären, fernerhin für ähnliche Aufträge eingesetzt zu werden.

Die Strafen für Beamte, die eine der genannten Straftaten begehen, sind im 40. Kapitel angegeben.

§ 11 a. Wenn ein Gefangener unerlaubterweise eine Schuß-, Stoß- oder Schlagwaffe oder ein sonstiges Werkzeug für Gewalttätigkeiten anfertigt, beschafft oder in Besitz hat, wird er mit Gefängnis bis zu einem Jahr bestraft. Gesetz vom 13. Mai 1932.

§ 11 b. Wenn ein Gefangener aus einer Strafanstalt, Haft oder sonstigem Gewahrsam oder aus der Obhut dessen, der ihn bewacht, begleitet oder transportiert, ausbricht oder auszubrechen versucht, wird er mit Gefängnis von einem Monat bis zu zwei Jahren bestraft. Gesetz vom 13. Mai 1932.

§ 12. Wenn sich zwei oder mehr Gefangene zusammentun und sich gemeinsam an dem, der sie in seiner Obhut oder unter seiner Bewachung hat, vergreifen oder ihm mit Gewalt oder unter Bedrohung mit Gewalt Widerstand leisten oder ihn zu etwas zwingen oder zu zwingen versuchen oder aus dem Gefängnis oder einem sonstigen Gewahrsam ausbrechen oder auszubrechen versuchen, so wird jeder, der sich Gewalttätigkeiten oder Bedrohung mit Gewalt hat zuschulden kommen lassen, wegen Meuterei mit Zuchthaus bis zu acht Jahren und die übrigen mit Zuchthaus bis zu vier Jahren oder mit Gefängnis nicht unter sechs Monaten bestraft. Gesetz vom 13. Mai 1932.

§ 13. Wer einem Beamten oder einer anderen in § 1 genannten Person für irgendeine Amtshandlung Geschenke oder eine sonstige unberechtigte Belohnung gibt, verspricht oder anbietet, wird mit Gefängnis oder mit Zuchthaus bis zu drei Jahren oder bei mildernden Umständen mit Geldstrafe bestraft.

Das zur Bestechung verwendete Geschenk oder die Belohnung oder der Wert desselben ist für verfallen zu erklären. Gesetz vom 19. April 1946.

§ 14. Wer eigenmächtig etwas pfändet oder in sonstiger Weise verbotene Eigenmacht ausübt, wird mit Geldstrafe bis zu (200 Mark) oder mit Gefängnis bis zu zwei Monaten bestraft, wenn nicht eine andere Gesetzesstelle für die betreffende Handlung eine schwerere Strafe vorschreibt.

Wer sonst ohne gesetzliche Befugnis eine Handlung vornimmt, die lediglich der zuständige Beamte ausführen darf, wird mit Gefängnis bis zu sechs Monaten oder mit Geldstrafe bis zu (300 Mark) bestraft. Beging er diese Straftat in betrügerischer Absicht, so ist auf Gefängnis bis zu zwei Jahren zu erkennen.

§ 15. Wer eine öffentliche Urkunde, ein öffentliches Protokoll, Gerichtsakten oder ein sonstiges Dokument oder Schriftstück, das in einem öffentlichen Archiv oder bei einer Behörde oder einem Beamten aufbewahrt wird oder das einer Behörde oder einem Beamten amtlich übergeben worden ist, vorsätzlich vernichtet, beschädigt, versteckt oder sich aneignet, wird, wenn die Straftat nicht unter die Bestimmungen des 12. Kapitels fällt, mit Gefängnis bestraft.

§ 16. Wer unbefugterweise die Flagge Finnlands oder das von einer Behörde an einem öffentlichen Platz angebrachte Staatswappen oder eine öffentliche Bekanntmachung, die eine Behörde zur allgemeinen Kenntnisnahme angeschlagen hat, wegnimmt oder vorsätzlich beschädigt oder verdirbt, wird mit Geldstrafe oder mit Gefängnis bis zu drei Monaten bestraft. Das gleiche gilt, wenn jemand ein Exemplar der finnischen Gesetzsammlung oder eine Bekanntmachung, die eine Behörde zur Kenntnisnahme des Publikums ausgestellt hat, entfernt oder beschädigt.

Wer die Flagge Finnlands oder das von einer Behörde an einem öffentlichen Platz angebrachte Staatswappen beschädigt oder verdirbt, um einer Behörde seine Mißachtung zu bezeigen, wird mit Gefängnis bis zu sechs Monaten bestraft.

Wer durch eine Druckschrift oder bildliche Darstellung, die er verbreitet oder angeschlagen oder ausgestellt hat, die Flagge Finnlands oder das Staatswappen beschimpft, wird nach den Bestimmungen des ersten Absatzes dieses Paragraphen bestraft. Gesetz vom 2. Februar 1925.

§ 17. Wer unbefugt ein Siegel, das eine Behörde oder ein Beamter angelegt hat, um Sachen oder Schriftstücke zu versiegeln, vorsätzlich erbricht, wird mit Geldstrafe oder mit Gefängnis bis zu sechs Monaten bestraft.

Gleiche Strafe trifft den, der beschlagnahmte oder gepfändete Sachen vorsätzlich der amtlichen Beschlagnahme entzieht.

§ 18. Wer einem gesetzlichen Verbot, bewegliches oder unbewegliches Gut zu veräußern oder fremdes Eigentum herauszugeben, zuwiderhandelt, wird mit Geldstrafe oder mit Gefängnis bis zu drei Monaten bestraft.

§ 19. Wer von dem Vorhaben eines Hochverrats, Landesverrats, Mordes, Raubes oder eines im 25. Kapitel, § 1, oder im 37. Kapitel, §§ 1, 2 oder 4, oder im 34. Kapitel genannten das Leben oder die Gesundheit eines anderen gefährdenden Verbrechens Kenntnis besitzt und es unterläßt, rechtzeitig, wenn das Verbrechen noch verhütet werden kann, den Behörden oder der von der Gefahr bedrohten Person davon Anzeige zu erstatten, wird, wenn das Verbrechen begangen oder ein strafbarer Versuch dazu gemacht worden ist, mit Gefängnis bis zu sechs Monaten oder mit Geldstrafe bestraft.

Wenn jedoch jemand zur Verhütung des Verbrechens eine der im zweiten Absatz von § 10 aufgezählten Personen anzeigen müßte, ist er wegen einer solchen Unterlassung nicht zu verurteilen.

§ 20. Wer, nachdem er Kenntnis von einer begangenen Straftat erhalten hat, den Täter versteckt oder zu verstecken hilft oder seine Flucht fördert oder ihm bei der Verheimlichung der Tat oder bei der Vernichtung von Beweisen behilflich ist, wird mit Geldstrafe bis zu (500 Mark) oder mit Gefängnis bis zu einem Jahr bestraft. War sein Beweggrund Eigennutz, so ist auf Gefängnis bis zu zwei Jahren oder auf Geldstrafe zu erkennen. Es ist jedoch auf keine höhere Strafe zu erkennen als die, die für Beihilfe zu der betreffenden Straftat verhängt werden könnte.

Zu den in diesem Paragraphen angedrohten Strafen ist jedoch keine der im zweiten Absatz von § 10 aufgezählten Personen zu verurteilen, und diese Strafen sind auch nicht für solche Straftaten zu verhängen, die im 41., 42., 43. oder 44. Kapitel genannt oder mit diesen vergleichbar sind.

§ 20 a. Wer, um eine Behörde irrezuführen, seinen Namen, Stand oder Beruf unrichtig angibt oder sonstige irreführende Angaben über sich macht oder zum selben Zweck den Paß, den Arbeitsausweis oder einen sonstigen ähnlichen Ausweis eines anderen benutzt, wird mit Geldstrafe oder mit Gefängnis bis zu zwei Jahren bestraft. Gesetz vom 4. Februar 1928.

§ 21. Wer eine Militärperson vorsätzlich zur Desertion verleitet oder ihm dabei hilft oder einen Deserteur versteckt, wird mit Gefängnis oder mit Zuchthaus bis zu drei Jahren oder, wenn besonders mildernde Umstände vorliegen, mit Gefängnis bis zu einem Jahr oder mit Geldstrafe bestraft. Gesetz vom 3. Dezember 1943.

§ 22. Wer einen finnischen Staatsangehörigen zum Militärdienst einer fremden Macht anwirbt, wird mit Gefängnis bis zu einem Jahr oder mit Geldstrafe von wenigstens (50 Mark) bestraft.

Die Strafe für jemanden, der dem Feind Streitkräfte zuführt, ist im 12. Kapitel vorgesehen.

§ 23. Wer durch falsche Angaben oder andere betrügerische Mittel einen finnischen Staatsangehörigen zur Auswanderung verleitet, wird mit Gefängnis bis zu zwei Jahren oder mit Geldstrafe von wenigstens (50 Mark) bestraft.

Der Versuch ist strafbar.

§ 24. Wer unbegründete Behauptungen, die geeignet sind, die Regierung, die Volksvertretung oder einen Ausschuß derselben oder eine öffentliche Behörde herabzusetzen oder ihre Maßnahmen oder die gesetzliche

Gesellschaftsordnung zu diskreditieren oder die öffentliche Ordnung zu gefährden, öffentlich in einer Menschenmenge vorbringt oder durch eine Schrift oder auf sonstige Weise verbreitet, wird zu Geldstrafe verurteilt. Das gleiche gilt, wenn jemand unter Verschweigung wesentlicher Umstände oder sonstwie entstellend oder in beleidigender Ausdrucks- oder Darstellungsweise auf die obige Art Nachrichten oder Behauptungen vorbringt oder verbreitet, die geeignet sind, die obenerwähnte Wirkung auszuüben.

War der Zweck der Darstellung oder Mitteilung eine Herabsetzung der obigen Art oder eine Gefährdung der öffentlichen Ordnung, so ist auf Geldstrafe oder auf Gefängnis bis zu einem Jahr zu erkennen. Gesetz vom 31. Juli 1930.

§ 25. Wer öffentlich einen anderen beschimpft oder ihn zu einer demütigenden Handlung zwingt oder zu zwingen versucht, weil er an Maßnahmen teilgenommen hat, die der Landesverteidigung oder der Aufrechterhaltung der gesetzlichen Gesellschaftsordnung dienten, wird mit Gefängnis bis zu einem Jahr oder bei besonders mildernden Umständen mit Geldstrafe bestraft. Gesetz vom 6. Februar 1931.

17. Kapitel.

Unwahre Aussagen (Gesetz vom 29. Juli 1948).

§ 1. Wenn jemand, der vor Gericht als Zeuge oder Sachverständiger vernommen wird, vorsätzlich wider besseres Wissen eine unwahre Aussage macht oder ohne gesetzlichen Grund etwas verschweigt, was seines Wissens Licht in die Sache bringen würde, wird er mit Gefängnis bestraft.

War die Aussage durch einen Eid oder eine entsprechende Versicherung bekräftigt oder auf Grund eines ein für allemal geschworenen Eides gemacht, so ist auf Zuchthaus bis zu vier Jahren oder, wenn besonders mildernde Umstände vorliegen, auf Gefängnis zu erkennen.

Hat jemand, der vor Gericht als Zeuge oder Sachverständiger vernommen worden ist, nach Ansicht des Gerichts aus Unbedachtsamkeit oder Nachlässigkeit eine unwahre Aussage gemacht oder ohne gesetzlichen Grund etwas verschwiegen, was zur Aufklärung der Sache beigetragen hätte, so ist auf Geldstrafe oder auf Gefängnis bis zu sechs Monaten zu erkennen. Gesetz vom 29. Juli 1948.

§ 2. Hat eine Aussage oder ein Verschweigen von der im 1. oder 2. Absatz von § 1 genannten Art dazu beigetragen, daß ein Unschuldiger verurteilt oder daß jemand zu einer strengeren Strafe verurteilt wurde, als er verdient hätte, so wird der Zeuge oder Sachverständige mit Zuchthaus bis zu sechs Jahren oder mit Gefängnis nicht unter drei Monaten bestraft. Ist der Beschuldigte zu Zuchthausstrafe oder zum Tode verurteilt worden, so ist für den Zeugen oder Sachverständigen auf zeitliche oder lebenslängliche Zuchthausstrafe zu erkennen. Gesetz vom 29. Juli 1948.

§ 3. Wenn eine Prozeßpartei, die vor Gericht zwecks Beweisführung auf Grund einer Wahrheitsversicherung verhört wird, vorsätzlich wider besseres Wissen eine unwahre Aussage macht oder ohne gesetzlichen Grund etwas verschweigt, was ihres Wissens zur Aufklärung der Sache beitragen könnte, ist auf Zuchthaus bis zu drei Jahren oder auf Gefängnis oder bei besonders mildernden Umständen auf Geldstrafe zu erkennen.

Wenn eine Prozeßpartei vor Gericht wider besseres Wissen eine unwahre Aussage durch einen Eid oder eine entsprechende Versicherung bekräftigt, wird sie nach den Bestimmungen des ersten Absatzes bestraft.

Hat eine Prozeßpartei, die vor Gericht zwecks Beweisführung auf Grund einer Wahrheitsversicherung verhört wird, nach Ansicht des Gerichts aus Unbedachtsamkeit oder Nachlässigkeit eine unwahre Aussage gemacht oder ohne gesetzlichen Grund etwas verschwiegen, was Licht in die Sache hätte bringen können, so ist auf Geldstrafe oder auf Gefängnis bis zu vier Monaten zu erkennen. Gesetz vom 29. Juli 1948.

§ 4. Wenn jemand anders als der einer Straftat Verdächtigte in der von der zuständigen Polizeibehörde oder dem öffentlichen Ankläger geführten Voruntersuchung vorsätzlich eine unwahre Aussage macht oder ohne gesetzlichen Grund etwas verschweigt, was seines Wissens zur Aufklärung der Sache beitragen könnte, wird er mit Geldstrafe oder mit Gefängnis bis zu einem Jahr oder, falls die unwahre Aussage oder das Verschweigen dazu beigetragen hat, daß ein Unschuldiger angeklagt oder verhaftet worden ist, mit Zuchthaus bis zu zwei Jahren oder Gefängnis bis zu drei Jahren oder bei besonders mildernden Umständen mit Geldstrafe bestraft. Gesetz vom 16. Dezember 1949.

§ 5. Wer vor einer anderen Behörde als einem Gericht oder der Behörde, die die Voruntersuchung durchführt, wenn er als Zeuge oder Sachverständiger vernommen wird, vorsätzlich eine unwahre Aussage macht, wird mit Geldstrafe oder mit Gefängnis bis zu einem Jahr bestraft.

Wird die Aussage durch einen Eid oder eine entsprechende Versicherung bekräftigt, so ist auf Gefängnis oder auf Zuchthaus bis zu drei Jahren oder, wenn besonders mildernde Umstände vorliegen, auf Geldstrafe zu erkennen. Gesetz vom 29. Juli 1948.

§ 6. Wer auf Grund von §§ 1, 2, 3 oder 5 zu einer Zuchthausstrafe verurteilt wird, ist auch der bürgerlichen Ehrenrechte verlustig zu erklären. Gesetz vom 29. Juli 1948.

§ 7. Wenn jemand, der sich eine der in den §§ 1—5 genannten Straftaten hat zuschulden kommen lassen, aus eigenem Antrieb, bevor in der betreffenden Sache ein Urteil gefällt oder ein anderer geschädigt worden ist, seine unwahre Aussage widerruft oder das, was er verschwiegen hat, mitteilt, oder wenn die unwahre Aussage einen Umstand betrifft, der offenbar keinen Einfluß auf die Sache hat, die man durch diese Aussage aufklären will, so ist auf Geldstrafe zu erkennen, wenn nicht der Schuldige nach Ansicht des Gerichts straflos bleiben soll. Erfolgt der Widerruf oder die Mitteilung erst später, aber so, daß die Folgen des strafbaren Verhaltens sich dadurch noch beseitigen lassen, so ist das Strafmaß gemäß § 2 des 3. Kapitels herabzusetzen. Ist für die Straftat keine andere Strafe als Freiheitsstrafe vorgesehen, so kann im letztgenannten Fall auch auf Geldstrafe erkannt werden. Gesetz vom 29. Juli 1948.

§ 8. Wer einer öffentlichen Behörde ein schriftliches Zeugnis vorlegt, dessen Inhalt seines Wissens unwahr ist, oder ein solches Zeugnis anfertigt und es einem anderen zu diesem Zweck zur Verfügung stellt, wird mit Geldstrafe oder mit Gefängnis bis zu einem Jahr bestraft, wenn nicht nach einer anderen Gesetzesstelle eine strengere Strafe verhängt werden muß. Gesetz vom 29. Juli 1948.

§ 9. Wer einen anderen zu einer der in diesem Kapitel genannten Straftaten zu verleiten versucht, wird mit Gefängnis bis zu einem Jahr oder mit Geldstrafe bestraft (Gesetz vom 29. Juli 1948).

18. Kapitel.

Straftaten in bezug auf den Personenstand.

§ 1. Wer dadurch, daß er sich nach Namen oder Stand für einen anderen ausgibt, als er ist, oder durch Verschweigen eines gesetzlichen Ehehindernisses oder eines Umstandes, der die Auflösung der Ehe herbeiführen kann, einen anderen zum Abschluß eines Ehevertrages verleitet, wird mit Gefängnis bis zu einem Jahr oder mit Geldstrafe bestraft.

Wird die Trauung vollzogen oder wird die zum Abschluß des Ehevertrages verleitete Frau vom Betrüger geschwängert, so ist auf Zuchthaus bis zu zwei Jahren oder, wenn besonders erschwerende Umstände vorliegen, auf Zuchthaus bis zu vier Jahren zu erkennen.

Eine Strafverfolgung einer der hier genannten Straftaten ist vom öffentlichen Ankläger nicht einzuleiten, wenn der Verletzte nicht einen Antrag darauf stellt oder beim Gericht um Nichtigkeitserklärung des Ehevertrags oder der Ehe nachsucht.

§ 2. Wer vorsätzlich ein Kind unterschiebt oder austauscht oder auf andere Weise den Personenstand eines anderen vorsätzlich verändert oder unterdrückt, wird mit Gefängnis bestraft.

Begeht er die Straftat, um sich oder einem Dritten einen Vorteil zu verschaffen oder um einen anderen zu schädigen, so ist auf Zuchthaus bis zu fünf Jahren und auf Verlust der bürgerlichen Ehrenrechte zu erkennen.

Der Versuch ist strafbar.

§ 3. Wer sich durch Annahme eines falschen Namens oder durch ein anderes betrügerisches Verfahren ein Erbe oder andere Familienrechte verschafft, wird mit Zuchthaus bis zu fünf Jahren und Verlust der bürgerlichen Ehrenrechte oder, wenn besonders mildernde Umstände vorliegen, mit Gefängnis nicht unter sechs Monaten bestraft.

Der Versuch ist strafbar.

19. Kapitel.

Ehebruchshandlungen.

§§ 1—3 sind durch das Gesetz vom 23. September 1948 aufgehoben worden.

§ 4. Eine verheiratete Person, die mit einer unverheirateten die Ehe eingeht, wird wegen Doppelehe mit Zuchthaus bis zu vier Jahren bestraft. Wenn besonders mildernde Umstände vorliegen, ist auf Gefängnis von zwei Monaten bis zu zwei Jahren zu erkennen.

Hatte die unverheiratete Person Kenntnis von der Ehe der anderen, so ist sie mit Zuchthaus oder Gefängnis bis zu zwei Jahren zu bestrafen.

§ 5. Wenn zwei verheiratete Personen miteinander eine Doppelehe eingehen, werden beide mit Zuchthaus bis zu sechs Jahren bestraft. Bei besonders mildernden Umständen ist auf Gefängnis nicht unter sechs Monaten zu erkennen.

§ 6. Eine verheiratete Person, die sich mit einer anderen verlobt, wird mit Gefängnis bis zu einem Jahr oder mit Geldstrafe nicht unter (50 Mark) bestraft.

Wußte die unverheiratete Person von der Ehe der anderen, so wird sie, falls sie bereits früher mit der anderen verlobt war, mit Gefängnis bis zu sechs Monaten oder Geldstrafe bis zu (500 Mark), sonst aber mit Gefängnis bis zu drei Monaten oder mit Geldstrafe bis zu (300 Mark) bestraft.

Ein in einer solchen Verlobung stattfindender Beischlaf fällt unter die Bestimmungen der §§ 4 und 5.

20. Kapitel.

Unerlaubter Beischlaf und andere Unzucht[1]).

§ 1. Wer seinem Kinde oder einem anderen seiner Nachkommen beischläft, wird mit Zuchthaus von zwei bis zu acht Jahren bestraft. Das Kind oder der Nachkomme ist mit Zuchthaus bis zu vier Jahren oder mit Gefängnis nicht unter sechs Monaten zu bestrafen.

§ 2. Wenn jemand der Ehegattin bzw. dem Ehegatten oder der Witwe bzw. dem Witwer seines Kindes oder eines anderen seiner Nachkommen oder seinem Stiefkind oder dessen Nachkommen beischläft, werden beide mit Zuchthaus bis zu vier Jahren oder mit Gefängnis nicht unter drei Monaten bestraft.

§ 3. Der Beischlaf zwischen Geschwistern oder Halbgeschwistern wird bei beiden Beteiligten mit Zuchthaus bis zu vier Jahren oder Gefängnis nicht unter drei Monaten bestraft.

§ 4. Wenn jemand einem Kinde eines seiner Geschwister oder Halbgeschwister oder einem Nachkommen desselben beischläft, werden beide mit Gefängnis bis zu einem Jahre bestraft.

§ 5. Wenn jemand der früheren Gattin oder dem früheren Gatten eines seiner Geschwister oder eines von deren Nachkommen oder einem Nachkommen eines Bruders oder einer Schwester seines eigenen Ehegatten beischläft, sind beide Beteiligten zu Geldstrafe von (40 Mark) bis zu (200 Mark) zu verurteilen. Gehen sie miteinander die Ehe ein, so ist auf keine Strafe zu erkennen.

---

[1]) Siehe Kastrationsgesetz vom 17. Februar 1950; Kastrationsverordnung vom 5. Mai 1950; Gesetz über die Schwangerschaftsunterbrechung vom 17. Februar 1950 und Verordnung über die Schwangerschaftsunterbrechung vom 5. Mai 1950.

§ 6. Wer seinem Pflegekind oder Mündel oder jemandem, dessen Erziehung oder Unterweisung ihm anvertraut ist, beischläft oder sonstige Unzucht mit ihm treibt, wird mit Zuchthaus bis zu drei Jahren oder mit Gefängnis von drei Monaten bis zu drei Jahren bestraft.

Gleiche Strafe trifft einen Beamten einer öffentlichen Anstalt, der einer dort in Pflege oder Gewahrsam befindlichen Person beischläft oder sonstige Unzucht mit ihr treibt. Gesetz vom 5. Februar 1926.

§ 7. Wer einem Kinde, das das 15. Lebensjahr nicht vollendet hat, beischläft oder sonstige Unzucht mit ihm treibt, wird mit Zuchthaus bis zu zehn Jahren oder, wenn besonders mildernde Umstände vorliegen, mit Gefängnis nicht unter sechs Monaten bestraft.

Hat die betreffende Person das 15., aber nicht das 17. Lebensjahr vollendet, und befaßt sie sich nicht mit gewerbsmäßiger Unzucht, so ist auf Zuchthaus oder Gefängnis bis zu zwei Jahren oder auf Geldstrafe zu erkennen.

Wer gegenüber einer im 1. oder 2. Abschnitt genannten Person in unzüchtiger Absicht eine Handlung begeht, die der Zucht widerspricht, wird mit Gefängnis bis zu einem Jahr oder mit Geldstrafe bestraft. Gesetz vom 5. Februar 1926.

§ 8. Wer einer geisteskranken Frau beischläft, wird mit Zuchthaus bis zu vier Jahren oder mit Gefängnis bestraft.

§ 9. Wer unter Ausnutzung der schutzlosen oder bedrängten Lage einer Frau oder ihrer wirtschaftlichen Abhängigkeit sie zum Beischlaf bewegt oder verleitet, ist, wenn sich die Frau nicht mit gewerbsmäßiger Unzucht befaßt, zu Gefängnis bis zu zwei Jahren oder zu Geldstrafe zu verurteilen. Gesetz vom 5. Februar 1926.

§ 9 a. Wer ein Kind, das das 15. Lebensjahr nicht vollendet hat, zum Beischlaf oder zu sonstiger Unzucht mit einem anderen verleitet oder veranlaßt, wird mit Zuchthaus bis zu acht Jahren und Verlust der bürgerlichen Ehrenrechte oder bei besonders mildernden Umständen mit Gefängnis nicht unter drei Monaten bestraft.

Wer eine Person, die das 15., aber nicht das 17. Lebensjahr vollendet hat, zum Beischlaf oder zu sonstiger Unzucht mit einem anderen verleitet oder veranlaßt, ist mit Zuchthaus oder Gefängnis bis zu zwei Jahren oder mit Geldstrafe zu bestrafen.

Der Versuch zu einer in diesem Paragraphen genannten Straftat ist strafbar. Gesetz vom 5. Februar 1926.

§ 10. Wer ein Haus für gewerbsmäßige Unzucht unterhält oder eine Frau zu gewerbsmäßiger Unzucht verführt, wird wegen Kuppelei mit Zuchthaus bis zu drei Jahren und Verlust der bürgerlichen Ehrenrechte bestraft.

Der Versuch zu einer solchen Verführung ist strafbar.

(Eine Frau, die sich in einem solchen Hause oder sonst öffentlich zu gewerbsmäßiger Unzucht hergibt, wird mit Gefängnis bis zu zwei Jahren bestraft.)

Der dritte Absatz dieses Paragraphen ist durch das Gesetz über die Bekämpfung der Landstreicherei vom 17. Januar 1936 aufgehoben worden.

§ 11. Wer sein Kind zu unerlaubtem Beischlaf oder sonstiger Unzucht mit einem anderen verleitet oder veranlaßt, wird mit Zuchthaus von einem bis zu fünf Jahren und Verlust der bürgerlichen Ehrenrechte bestraft. Wer sein Pflegekind oder Mündel oder jemanden, dessen Erziehung oder Unterweisung ihm anvertraut ist, zu solcher Unzucht veranlaßt, ist mit Zuchthaus bis zu drei Jahren, wobei auch auf Verlust der bürgerlichen Ehrenrechte zu erkennen ist, oder mit Gefängnis von drei Monaten bis zu drei Jahren zu bestrafen.

Der Versuch ist strafbar. Gesetz vom 5. Februar 1926.

§ 12. Wenn Personen desselben Geschlechts Unzucht miteinander treiben, wird jeder von ihnen mit Gefängnis bis zu zwei Jahren bestraft.

Gleiche Strafe trifft den, der Beischlaf mit einem Tier treibt oder einen Versuch dazu macht.

§ 13. Wer weiß, daß er an Syphilis leidet und mit dieser Krankheit durch unerlaubten Beischlaf einen anderen ansteckt, wird mit Zuchthaus oder Gefängnis bis zu zwei Jahren bestraft.

§ 14. Wer öffentlich unzüchtige Handlungen begeht und dadurch Ärgernis erregt, wird mit Geldstrafe oder mit Gefängnis bis zu sechs Monaten bestraft. Gesetz vom 5. Februar 1926.

§ 14 a. Eine Strafverfolgung der in § 9 genannten Straftat ist vom öffentlichen Ankläger nicht einzuleiten, wenn die Verletzte darauf keinen Antrag stellt, und auch in den Fällen, die in den §§ 7 und 9 a angegeben sind, hat die Strafverfolgung ohne Antrag zu unterbleiben, wenn die Person, gegen die die Straftat begangen wurde, damals älter als 15 Jahre war oder bei der Anklageerhebung das 17. Lebensjahr bereits vollendet hat.

Hat der Täter in den Fällen, die in den §§ 6, 7 und 9 genannt sind, mit der Person, gegen die seine Straftat sich richtete, die Ehe geschlossen, so ist auf keine Strafe zu erkennen. Gesetz vom 5. Februar 1926.

§ 15. Die Strafe für Unzucht in gewissen Fällen ist im 25. Kapitel festgesetzt.

21. Kapitel.

Mord, Totschlag und sonstige Mißhandlung.

§ 1. Wer vorsätzlich und mit Vorbedacht einen anderen tötet, wird wegen Mordes mit dem Tode oder mit lebenslänglichem Zuchthaus bestraft; außerdem sind ihm die bürgerlichen Ehrenrechte abzuerkennen. Der Versuch ist strafbar.

§ 2. Wer vorsätzlich, aber im Affekt einen anderen tötet, wird wegen Totschlags mit Zuchthaus von acht bis zwölf Jahren oder auf Lebenszeit bestraft.

Hatte der Getötete den Totschläger ohne dessen Schuld durch eine schwere Beleidigung oder außergewöhnliche Gewalttätigkeit zum Zorn gereizt oder liegen sonst besonders mildernde Umstände vor, so ist auf Zuchthaus von vier bis zu acht Jahren oder, wenn der Totschlag an einem

Verwandten in aufsteigender Linie oder einem Ehegatten verübt wurde, auf Zuchthaus von sechs bis zu zwölf Jahren zu erkennen.

Der Versuch ist strafbar.

§ 3. Wer einen anderen auf dessen ernstliche Bitte tötet, wird mit Gefängnis nicht unter sechs Monaten oder mit Zuchthaus bis zu vier Jahren bestraft.

§ 4. Wer ohne die Absicht, zu töten, vorsätzlich einen anderen mißhandelt, so daß dieser infolgedessen stirbt, wird mit Zuchthaus von zwei bis zu zwölf Jahren bestraft. Liegen besonders erschwerende Umstände vor, so beträgt die Mindeststrafe vier Jahre Zuchthaus.

Hatte der Getötete den Täter ohne dessen Schuld durch eine schwere Beleidigung oder außergewöhnliche Gewalttätigkeit zum Zorn gereizt oder war die Mißhandlung derart, daß der Tod oder eine schwere Körperverletzung als wahrscheinliche Wirkung derselben nicht erwartet werden konnte, oder liegen sonst besonders mildernde Umstände vor, so ist auf Zuchthaus bis zu vier Jahren oder Gefängnis von wenigstens sechs Monaten zu erkennen. Gesetz vom 23. April 1926.

§ 5. Wer einen anderen vorsätzlich mißhandelt, so daß dieser infolgedessen eine schwere Körperverletzung erleidet, wird, wenn die schwere Körperverletzung beabsichtigt war, mit Zuchthaus von zwei bis zu zehn Jahren bestraft.

Der Versuch ist strafbar.

War eine schwere Körperverletzung nicht beabsichtigt, so ist auf Zuchthaus bis zu sechs Jahren oder auf Gefängnis nicht unter drei Monaten zu erkennen. Liegen besonders erschwerende Umstände vor, so beträgt die Mindeststrafe ein Jahr Zuchthaus.

Schwere Körperverletzungen sind: Verlust der Sprache, des Gesichts oder des Gehörs, eine schwere Verkrüppelung oder ein sonstiges schweres körperliches Gebrechen, eine dauernde schwere Schädigung der Gesundheit oder eine lebensgefährliche Krankheit oder Verletzung. Gesetz vom 23. April 1926.

§ 6. Wenn jemand ohne Mißhandlung und ohne die Absicht, zu töten, durch vorsätzliche Ausführung eines Verbrechens, das für das Leben oder die Gesundheit eines anderen eine offensichtliche Gefahr bedeutet, wie Fruchtabtreibung ohne Einwilligung der Mutter, Versetzung eines anderen in eine hilflose Lage, Herbeiführung einer Überschwemmung oder eines Schiffbruchs, Brandstiftung oder ein anderes ähnliches Verbrechen den Tod eines anderen oder eine schwere Körperverletzung verursacht oder wenn bei Aufruhr, Auflauf, Notzucht, Raub oder einem anderen mit Mißhandlung verknüpften vorsätzlichen Verbrechen der Tod oder eine schwere Körperverletzung die Folge der Mißhandlung ist, so wird der Schuldige, wenn der Tod eingetreten ist, zu einer Gesamtstrafe von sechs bis zu zwölf Jahren Zuchthaus oder zu lebenslänglichem Zuchthaus und, wenn eine schwere Körperverletzung eingetreten ist, zu einer Gesamtstrafe von vier bis zu zwölf Jahren verurteilt.

§ 7. Wer ohne die Absicht, zu töten, einem anderen, um ihm zu schaden, Gift oder ähnliche gefährliche Stoffe beibringt, wird, wenn infolgedessen der Tod eintritt, mit Zuchthaus von acht bis zu zwölf Jahren oder auf Lebenszeit und, wenn eine schwere Körperverletzung die Folge ist, mit Zuchthaus von sechs bis zu zwölf Jahren und, wenn eine leichtere Körperverletzung oder gar keine Körperverletzung eintritt, mit Zuchthaus von zwei bis zu acht Jahren bestraft. In allen diesen Fällen ist er der bürgerlichen Ehrenrechte verlustig zu erklären.

Der Versuch ist strafbar.

Wer, um einem anderen zu schaden, Gift oder ähnliche gefährliche Stoffe bereitet oder anschafft, aber keinen Versuch zur Ausführung seines Vorhabens macht, wird mit Gefängnis bis zu einem Jahr bestraft.

§ 8. Wenn zwei oder mehrere bei einem Überfall oder einer Schlägerei einen anderen vorsätzlich mißhandeln, so daß dieser den Tod erleidet, wird jeder, der ihm eine tödliche Verletzung beigebracht hat, als Totschläger bestraft. Sind dem Mißhandelten Verletzungen beigebracht worden, die nicht einzeln für sich, aber alle zusammen den Tod herbeigeführt haben, so wird gleichfalls jeder, der eine dieser Verletzungen beigebracht hat, als Totschläger bestraft; in diesem Fall ist jedoch bei besonders mildernden Umständen einer, der nicht die Absicht hatte, zu töten, mit Zuchthaus bis zu sechs Jahren oder mit Gefängnis nicht unter sechs Monaten zu bestrafen.

Sind dem Mißhandelten Verletzungen zugefügt worden, die entweder jede für sich oder alle zusammen eine schwere Körperverletzung verursacht haben, so wird jeder, der zu dieser Körperverletzung beigetragen hat, so bestraft, als hätte er selbst diese bewirkt. In letzterem Fall ist, wenn besonders mildernde Umstände vorliegen, auf Gefängnis von drei Monaten bis zu drei Jahren zu erkennen.

Wer bei einem solchen Überfall oder bei einer solchen Schlägerei in anderer als der oben beschriebenen Weise einen anderen mißhandelt, wird, wenn infolgedessen der Tod eintritt, mit Zuchthaus oder Gefängnis bis zu drei Jahren oder mit Geldstrafe von mindestens (50 Mark) und, wenn eine schwere Körperverletzung die Folge ist, mit Zuchthaus oder Gefängnis bis zu zwei Jahren oder mit Geldstrafe bis zu (500 Mark) bestraft. Liegen besonders erschwerende Umstände vor, so ist nicht auf Gefängnis oder Geldstrafe zu erkennen.

Die übrigen, die an der Schlägerei beteiligt waren, werden, wenn der Tod des Mißhandelten verursacht worden ist, mit Gefängnis bis zu einem Jahr oder mit Geldstrafe bis zu (500 Mark) und, wenn eine schwere Körperverletzung die Folge gewesen ist, mit Gefängnis bis zu sechs Monaten oder mit Geldstrafe bis zu (300 Mark) bestraft. Bei besonders erschwerenden Umständen beträgt die Mindeststrafe drei Monate Gefängnis. Gesetz vom 23. April 1926.

§ 9. Wenn bei einem Überfall oder einer Schlägerei, woran zwei oder mehrere teilnehmen, jemand den Tod oder eine schwere Körperverletzung erleidet und nicht ermittelt werden kann, wer von den Beteiligten den Tod oder die Körperverletzung verursachte, wird jeder, der sich an dem Mißhandelten vergriffen hat, wegen schwerer Schlägerei, wenn der Tod eingetreten ist, mit Zuchthaus bis zu vier Jahren oder Gefängnis nicht unter drei Monaten und, wenn eine schwere Körperverletzung die Folge gewesen ist, mit Zuchthaus bis zu drei Jahren oder Gefängnis von einem

Monat bis zu drei Jahren bestraft. Bei besonders erschwerenden Umständen beträgt die Mindeststrafe ein Jahr Zuchthaus.

Die übrigen, die sich an der Schlägerei beteiligt haben, sind gemäß dem vierten Absatz von § 8 zu bestrafen. Gesetz vom 23. April 1926.

§ 10. Wer durch Fahrlässigkeit oder Unachtsamkeit den Tod oder eine schwere Körperverletzung eines anderen verschuldet, wird, wenn der Tod eintritt, mit Gefängnis bis zu drei Jahren oder mit Geldstrafe nicht unter (50 Mark) und, wenn eine schwere Körperverletzung die Folge ist, mit Gefängnis bis zu einem Jahr oder mit Geldstrafe bis zu (500 Mark) bestraft.

§ 11. Wer einen anderen vorsätzlich mißhandelt, so daß dieser infolgedessen eine leichtere als die in § 5 genannte Beschädigung oder Krankheit davonträgt, wird zu Gefängnis bis zu zwei Jahren oder zu Geldstrafe nicht unter (50 Mark) verurteilt. Wenn besonders erschwerende Umstände vorliegen, ist auf Zuchthaus bis zu drei Jahren zu erkennen.

Wer durch Fahrlässigkeit eine in diesem Paragraphen genannte leichtere Körperverletzung verschuldet, wird mit Geldstrafe bis zu (200 Mark) bestraft.

§ 12. Wer einen andern vorsätzlich mißhandelt, so daß dieser eine leichte oder gar keine Verletzung davonträgt, wird mit höchstens 100 Tagesgeldbußen oder mit Gefängnis bis zu vier Monaten oder bei besonders erschwerenden Umständen mit Gefängnis von drei Monaten bis zu einem Jahr bestraft.

Wer bei der Ausübung seines Züchtigungsrechts dem Gezüchtigten eine in diesem Paragraphen genannte leichte Verletzung beibringt, ist dafür nicht zu bestrafen. Gesetz vom 3. Dezember 1948.

§ 13. Wenn bei einer Mißhandlung oder Schlägerei von der Art, wie sie in den §§ 4, 5, 8, 9, 11 und 12 genannt sind, der Mißhandelnde oder ein Teilnehmer an der Schlägerei eine Schuß- oder Stoßwaffe oder ein sonstiges lebensgefährliches Werkzeug verwendet oder wenn die Tat sich gegen eine Person richtet, die sich wegen einer zu ihrem Beruf gehörenden Arbeit oder Tätigkeit nicht verteidigen kann, ist das als besonders erschwerender Umstand zu betrachten. Das darf jedoch, wenn die übrigen Umstände besonders mildernd sind, nicht hindern, den Schuldigen nach der für solche Umstände festgesetzten besonderen Strafskala abzuurteilen.

Wer, ohne einen anderen zu mißhandeln, im Zorn gegen ihn eine Waffe der obengenannten Art oder ein lebensgefährliches Werkzeug erhebt, ist zu Geldstrafe oder zu Gefängnis bis zu sechs Monaten zu verurteilen. Gesetz vom 18. März 1949.

§ 14. Eine in §§ 11 oder 12 genannte vorsätzliche Mißhandlung und die in § 13 genannte Straftat sind vom öffentlichen Ankläger nicht zu verfolgen, wenn der Verletzte keinen Antrag darauf stellt oder wenn die Straftat nicht auf einem öffentlichen Wege, einer öffentlichen Straße, einem öffentlichen Platz oder an einem sonstigen öffentlichen Ort oder bei einer öffentlichen Verrichtung oder Versammlung oder vor einer Behörde oder von einem Beamten im Dienst oder von jemandem, der sich in einer Strafanstalt, einem Arbeitshaus oder in einer anderen ähnlichen Anstalt befindet, verübt wird.

Die fahrlässige Verursachung einer Körperverletzung ist vom öffentlichen Ankläger gleichfalls nicht zu verfolgen, wenn der Verletzte keinen Antrag darauf stellt. Gesetz vom 1. November 1940.

22. Kapitel.

Kindesmord.

§ 1. Eine durch unerlaubten Beischlaf schwanger gewordene Frau, die ihr Kind bei der Geburt oder gleich danach vorsätzlich durch Tötung, Aussetzung oder Versäumnis der Maßnahmen, die notwendig sind, um das Kind am Leben zu erhalten, ums Leben bringt, wird wegen Kindesmordes mit Zuchthaus bis zu acht Jahren oder mit Gefängnis nicht unter drei Monaten bestraft.

Der Versuch ist strafbar.

Ein an diesem Verbrechen Beteiligter wird wie ein solcher bestraft, der an einem Mord oder vorsätzlichen Totschlag beteiligt ist. Verordnung vom 6. Juni 1914.

§ 2. Wenn eine solche Frau durch Fahrlässigkeit oder dadurch, daß sie für die Niederkunft die Einsamkeit aufsucht und sich somit in eine hilflose Lage versetzt, oder durch eine andere Unvorsichtigkeit den Tod ihrer Leibesfrucht verschuldet, ist sie nach den Bestimmungen des 21. Kapitels über fahrlässig verschuldeten Tod zu bestrafen.

§ 3. Wenn ein Vater, eine Mutter, ein Hausherr oder eine Hausfrau, die davon wissen, daß eine bei ihnen wohnhafte und ihrer Botmäßigkeit unterstehende Frau durch unerlaubten Beischlaf schwanger geworden ist, es trotzdem unterlassen, ihr bei der Niederkunft die Pflege zukommen zu lassen, die ihr Zustand erfordert, und dadurch den Tod des Kindes verschulden, werden sie mit Geldstrafe bis zu (300 Mark) oder mit Gefängnis bis zu drei Monaten bestraft.

Gleiche Strafe trifft den Beischläfer, wenn er, obwohl er von der Schwangerschaft und Notlage der Frau Kenntnis hat, sie ohne Hilfe und ohne die nötige Pflege läßt, so daß das Kind infolgedessen stirbt oder ausgesetzt wird.

§ 4. ist durch die Verordnung vom 6. Juni 1914 aufgehoben worden.

§ 5. Eine Frau, die, ohne ein gesetzliches Recht dazu zu haben, vorsätzlich ihre Leibesfrucht abtreibt oder im Mutterleibe tötet oder abtreiben oder töten läßt, wird mit Gefängnis bestraft. Wenn besonders mildernde Umstände vorliegen, kann von der Verhängung einer Strafe abgesehen werden.

Wer mit Einwilligung der Frau, ohne ein gesetzliches Recht dazu zu haben, durch Abtreibung oder im Mutterleibe die Leibesfrucht tötet, wird mit Zuchthaus bis zu vier Jahren oder mit Gefängnis bestraft. Tut er es für Geld, so ist auf Zuchthaus bis zu sechs Jahren und auf Verlust der bürgerlichen Ehrenrechte zu erkennen.

Der Versuch einer der in diesem Paragraphen genannten Straftaten ist strafbar. Gesetz vom 17. Februar 1950.

§ 6. Wer ohne Einwilligung der Frau und ohne ein gesetzliches Recht dazu ihre Frucht vorsätzlich abtreibt oder im Mutterleibe tötet, wird mit Zuchthaus von zwei bis zu acht Jahren und Verlust der bürgerlichen Ehrenrechte bestraft.

Der Versuch ist strafbar. Gesetz vom 17. Februar 1950.

§ 7. Wer ohne die Absicht, das Kind zu töten, durch vorsätzliche Mißhandlung einer Frau, deren Schwangerschaft ihm bekannt ist, den Tod des Kindes verschuldet, wird mit Zuchthaus bis zu drei Jahren oder mit Gefängnis nicht unter drei Monaten bestraft.

§ 8. Eine durch unerlaubten Beischlaf schwanger gewordene Frau, die, um sich von ihren Mutterpflichten zu befreien, ihr Kind aussetzt oder sonstwie aufgibt und in hilfloser Lage läßt, wird mit Gefängnis bis zu zwei Jahren bestraft. Ist der Tod des Kindes verursacht worden, so ist auf Zuchthaus bis zu sechs Jahren oder Gefängnis von wenigstens drei Monaten zu erkennen, und ist ihm eine schwere Körperverletzung zugefügt worden, so tritt Zuchthausstrafe bis zu vier Jahren oder Gefängnisstrafe nicht unter einem Monat ein.

Wird die Straftat an einem solchen Ort oder unter solchen Umständen begangen, daß nur geringe Gefahr für das Leben oder die Gesundheit des Kindes vorhanden ist, so ist auf Gefängnis bis zu drei Monaten oder auf Geldstrafe bis zu (500 Mark) zu erkennen. Hat das Kind infolge der Tat den Tod oder eine schwere Körperverletzung erlitten, so wird die Frau nach den Bestimmungen von § 10 des 21. Kapitels bestraft. Verordnung vom 6. Juni 1914.

§ 9. Die besonderen Bestimmungen dieses Kapitels betreffend Frauen, die durch unerlaubten Beischlaf schwanger geworden sind, sind nicht auf solche anzuwenden, die durch Gerichtsurteil zur Ehefrau des Beischläfers erklärt worden sind oder mit ihm die Ehe geschlossen haben.

23. Kapitel

Zweikampf.

§ 1. Wer sich nach Übereinkunft in einen Zweikampf einläßt und darin seinen Gegner derartig verletzt, daß dieser stirbt, wird mit Gefängnis nicht unter zwei Jahren oder mit Zuchthaus bis zu acht Jahren oder, wenn verabredet war, daß der Zweikampf erst mit dem Tode des einen von beiden enden sollte, mit zeitlichem Zuchthaus von mindestens vier Jahren bestraft.

Wer im Zweikampf einem anderen eine schwere Körperverletzung beibringt, wird mit Gefängnis nicht unter sechs Monaten bestraft. Ist es eine leichtere Verletzung, so ist auf Gefängnis bis zu zwei Jahren zu erkennen. Ein Teilnehmer an einem Zweikampf, der seinem Gegner keine Verletzung beibringt, wird mit Gefängnis bis zu einem Jahr bestraft.

Wenn einer der Teilnehmer an einem Zweikampf vorsätzlich von den vereinbarten oder üblichen Regeln abweicht und dadurch den Tod des anderen herbeiführt oder ihm eine Körperverletzung beibringt, oder wenn der Zweikampf ohne Sekundanten stattfindet, wird der, der seinen Gegner getötet oder verletzt hat, gemäß den für Mord, Totschlag oder Mißhandlung geltenden Bestimmungen bestraft. Gesetz vom 17. November 1939.

§ 2. Wer eine Herausforderung zum Zweikampf überbringt, wird, falls der Zweikampf stattfindet, mit Gefängnis bis zu sechs Monaten bestraft.

Wenn er ernstlich versucht hat, den Zweikampf zu verhindern, so ist auf keine Strafe zu erkennen.

§ 3. Sekundanten, Zeugen und Ärzte, die zu einem Zweikampf hinzugezogen werden, bleiben straflos.

24. Kapitel.

Friedensbruch.

§ 1. Wer rechtswidrig gegen den Willen eines anderen in dessen Wohnung eindringt, sei es ein Zimmer, Haus, Hof oder Schiff und sei es sein Eigentum oder geliehen oder gemietet, oder wer rechtswidrig eine Aufforderung, sich von dort zu entfernen, nicht befolgt oder sich ohne triftigen Grund dort einschleicht oder versteckt, wird wegen Hausfriedensbruches mit Geldstrafe bis zu (500 Mark) oder mit Gefängnis bis zu sechs Monaten bestraft.

Wer auf die oben angegebene Weise in einem Haus, Hof oder Schiff, wo sich der (Kaiser und Großfürst) aufhält, oder in dem Haus, wo (die Reichsstände oder ein Stand) oder ein Ausschuß des Reichstags versammelt ist, oder in einem Amtszimmer oder einem Zimmer, wo eine Amtshandlung vollzogen wird, den Frieden bricht, wird mit Geldstrafe oder mit Gefängnis bis zu einem Jahr bestraft.

Wird eine in diesem Paragraphen genannte Straftat in der Absicht begangen, jemandem Gewalt anzutun oder Eigentum zu beschädigen, oder von einem, der mit einer Waffe oder einem lebensgefährlichen Werkzeug oder einem sonstigen Mittel zur Beibringung von Verletzungen ausgerüstet ist, oder von zwei oder mehreren Personen gemeinsam, so ist auf Gefängnis bis zu zwei Jahren zu erkennen.

§ 2. Wird eine Haussuchung von einer unbefugten Person oder von jemandem, der dazu befugt ist, in rechtswidriger Weise vorgenommen, so wird der Schuldige mit Geldstrafe oder mit Gefängnis bis zu einem Jahr bestraft.

§ 3. Wer vorsätzlich bei einem anderen ein Fenster einschlägt oder Steine oder etwas anderes in dessen Zimmer, Haus, Hof oder Schiff hineinwirft oder mit einer Waffe hineinschießt, wird mit Geldstrafe bis zu (500 Mark) oder mit Gefängnis bis zu sechs Monaten bestraft.

Wer auf die oben angegebene Weise in einem Haus, Hof oder Schiff, wo sich der (Kaiser und Großfürst) aufhält, oder in dem Haus, wo (die Reichsstände oder ein Stand) oder ein Ausschuß des Reichstags versammelt ist, oder in einem Amtszimmer oder einem Raum, wo eine Amtshandlung vollzogen wird, den Frieden bricht, wird mit Geldstrafe oder mit Gefängnis bis zu einem Jahr bestraft.

§ 3a. Wer aus Bosheit oder Übermut durch schrille Geräusche oder sonstigen Lärm den Hausfrieden eines anderen stört oder in der offenbaren Absicht, einen anderen zu stören, ihn telefonisch anruft oder anrufen läßt, wird mit höchstens 50 Tagesgeldbußen oder mit Gefängnis bis zu drei Monaten bestraft.

Wer auf die hier angegebene Weise an einem der im zweiten Absatz von § 1 bezeichneten Orte den Frieden stört, ist zu Geldstrafe oder zu Gefängnis bis zu sechs Monaten zu verurteilen. Gesetz vom 28. Oktober 1938.

§ 4. Wer unbefugt aus einem Grabe eine Leiche oder einen Teil derselben herausnimmt oder eine unbeerdigte Leiche vernichtet, versteckt oder zerstückelt oder mit einer Leiche Unfug treibt oder unbefugt ein Grab verdirbt oder beschädigt oder an einem Grabe Unfug treibt, wird zu Gefängnis bis zu einem Jahr oder zu Geldstrafe verurteilt.

§ 5. Die Strafverfolgung eines Friedensbruches von der in § 1, 2, 3 oder 3 a genannten Art ist vom öffentlichen Ankläger nicht einzuleiten, wenn der Verletzte keinen Antrag darauf stellt oder wenn die Straftat nicht an einem der im zweiten Abschnitt von § 1 genannten Plätze begangen worden ist. Gesetz vom 28. Oktober 1938.

25. Kapitel.

Verbrechen gegen die Freiheit.

§ 1. Wer durch Gewalt, Drohungen oder List sich der Person eines anderen bemächtigt, um ihn in den Kriegs- oder Marinedienst eines anderen Landes oder in Sklaverei oder Leibeigenschaft oder einen anderen Zwangszustand außerhalb des Landes oder in eine hilflose Lage an einem Ort, wo Gefahr für sein Leben vorhanden ist, zu bringen, wird mit Zuchthaus von vier bis zu zwölf Jahren und Verlust der bürgerlichen Ehrenrechte bestraft.

Für Sklavenhandel oder Sklaventransport ist auf gleiche Strafe zu erkennen und das dazu benutzte Schiff für verfallen zu erklären.

Der Versuch eines der in diesem Paragraphen genannten Verbrechen ist strafbar.

§ 1a. Wer in der Absicht, eine Person, die das 21. Lebensjahr nicht vollendet hat, oder eine Frau, die dieses Lebensjahr vollendet hat, zu einem Werkzeug der Unzucht zu machen, diese zur Annahme einer Anstellung bewegt, entführt oder von ihrer Umgebung trennt, wird, auch wenn er im Einverständnis mit der betreffenden Person handelt, mit Zuchthaus bis zu acht Jahren oder, wenn die Person, gegen die das Verbrechen begangen wird, zu einem Werkzeug der Unzucht wird, oder wenn es sich um ein Berufsverbrechen handelt, bis zu zehn Jahren und mit dem Verlust der bürgerlichen Ehrenrechte bestraft. Die Strafe ist auch dann zu verhängen, wenn nur ein Teil der zu dem Verbrechen gehörenden oder auf seine Ausführung abzielenden Tätigkeit in Finnland geschehen ist oder wenn ein finnischer Staatsangehöriger das Verbrechen in einem anderen Land gegen einen Staatsangehörigen eines fremden Staates begangen hat und keine Klagen darüber gekommen sind.

Der Versuch ist strafbar. Gesetz vom 15. März 1935.

§ 2. Wer in anderen als den in § 1 oder 1 a genannten Fällen sich rechtswidrig eines Kindes, das das 15. Lebensjahr nicht vollendet hat, bemächtigt und es entführt oder ein Kind vom Vater, von der Mutter oder von dem, dessen Obhut und Befehlsgewalt es untersteht, trennt, wird mit Gefängnis nicht unter sechs Monaten oder mit Zuchthaus bis zu vier Jahren bestraft. Hatte er die Absicht, das Kind zu Bettelei oder einem anderen gewinnsüchtigen oder unsittlichen Zweck oder Gewerbe zu benutzen, so ist auf Zuchthaus von zwei bis zu acht Jahren und Verlust der bürgerlichen Ehrenrechte zu erkennen.

Der Versuch ist strafbar. Gesetz vom 5. Februar 1926.

§ 3. Wer vorsätzlich ein hilfloses Kind oder eine andere hilflose Person aussetzt oder sonst einen anderen in eine hilflose Lage bringt oder jemanden, zu dessen Transport, Begleitung oder Pflege er verpflichtet ist, in eine solche Lage versetzt oder in einer solchen Lage verläßt, wird mit Zuchthaus bis zu vier Jahren oder mit Gefängnis nicht unter sechs Monaten bestraft.

Wird die Straftat an einem solchen Ort oder unter solchen Umständen begangen, daß nur geringe Gefahr für Leben oder Gesundheit des in die hilflose Lage Versetzten vorhanden ist, so ist auf Gefängnis oder Geldstrafe nicht unter (50 Mark) zu erkennen.

Die Strafe für eine Frau, die ihr aus unerlaubtem Beischlaf geborenes Kind aussetzt, ist in § 8 im 22. Kapitel festgelegt.

§ 4. Wer eine Frau durch Gewalt oder durch Bedrohung mit einer zwingenden Gefahr zu unerlaubtem Beischlaf zwingt oger einer Frau beischläft, die er zu diesem Zweck in einen Zustand versetzt hat, in dem sie ihrer selbst nicht bewußt ist oder sich nicht zu wehren vermag, wird wegen Notzucht mit Zuchthaus bis zu zehn Jahren oder bei besonders mildernden Umständen mit Gefängnis nicht unter sechs Monaten bestraft.

Der Versuch ist strafbar.

§ 5. Wer einer Frau beischläft, die sich sonstwie in einem solchen Zustand befindet, daß sie ihrer selbst nicht bewußt ist, oder sich nicht wehren kann, wird mit Zuchthaus bis zu vier Jahren oder mit Gefängnis bestraft.

§ 6. Wer durch Gewalt oder durch Bedrohung mit Gefahr eine Frau zwingt, eine andere unzüchtige Handlung als unerlaubten Beischlaf zu dulden, oder eine solche Handlung mit einer Frau vornimmt, die er zu diesem Zweck in einen Zustand versetzt hat, in dem sie ihrer selbst nicht bewußt ist oder sich nicht wehren kann, wird zu Gefängnis- oder Geldstrafe verurteilt.

§ 7. Wer durch Gewalt oder Drohung oder sonstwie sich einer Frau bemächtigt, die das 15. Lebensjahr vollendet hat, und sie gegen ihren Willen entführt oder in seiner Gewalt behält, um Unzucht mit ihr zu treiben oder sie zu einer Ehe zu veranlassen, wird, wenn seine Handlung keine Straftat von der in § 1 a erwähnten Art enthält, mit Zuchthaus bis zu acht Jahren oder mit Gefängnis nicht unter sechs Monaten bestraft.

Der Versuch ist strafbar. Gesetz vom 5. Februar 1926.

§ 8. Wer eine Frau, die das 15. Lebensjahr vollendet hat, mit ihrem Willen, jedoch ohne Einwilligung des (gesetzlichen Vertreters der Braut oder eines anderen Bevollmächtigten) entführt, um sie zur Eingehung einer Ehe zu veranlassen, wird mit Gefängnis bis zu einem Jahr oder mit Geldstrafe bestraft. Geschieht es, um Unzucht zu treiben, so ist, wenn die Handlung keine Straftat im Sinne von § 1 a enthält, auf Zuchthaus oder Gefängnis bis zu zwei Jahren zu erkennen. Gesetz vom 5. Februar 1926.

§ 9. Wer vorsätzlich ohne gesetzliche Befugnis durch Gefangennahme, Einsperren oder sonstwie einen anderen der Freiheit beraubt, wird mit Zuchthaus bis zu vier Jahren oder mit Gefängnis bestraft. Hat der Verlust der Freiheit über 30 Tage gedauert oder liegen sonst besonders erschwerende Umstände vor, so ist auf Zuchthaus bis zu sechs Jahren zu erkennen.

§ 10. Wer ohne gesetzlichen Grund, jedoch nicht in böswilliger Absicht, mit vermeintlichem Recht einen anderen festnimmt und mit ihm gemäß den Bestimmungen über die gesetzliche Verhaftung verfährt, wird mit Gefängnis bis zu sechs Monaten oder mit Geldstrafe nicht unter (100 Mark) bestraft. Verfährt er nicht gemäß den Bestimmungen über die gesetzliche Verhaftung, so ist auf die in § 9 angegebene Strafe zu erkennen.

Wer mit gesetzlichem Grund einen anderen festnimmt, aber mit ihm nicht gemäß den Bestimmungen über die gesetzliche Verhaftung verfährt, wird mit Geldstrafe nicht unter (50 Mark) oder bei besonders erschwerenden Umständen nach den Vorschriften von § 9 bestraft.

§ 11. Wer einen andern foltert, um ihn zu einem Geständnis in irgendeiner Sache zu zwingen, wird mit Zuchthaus bis zu vier Jahren oder mit Gefängnis bestraft.

§ 12. Wer ohne gesetzliche Befugnis durch Gewalt oder Drohungen einen anderen zwingt, etwas zu tun, zu dulden oder zu unterlassen, wird, wenn das Gesetz seine Tat mit keiner schwereren Strafe bedroht, zu Gefängnis bis zu einem Jahr oder zu Geldstrafe verurteilt.

§ 13. Wer einen anderen unter solchen Umständen mit einer Straftat bedroht, daß das Wahrmachen der Drohung wahrscheinlich ist, wird mit Gefängnis bis zu sechs Monaten oder mit Geldstrafe bis zu (500 Mark) bestraft.

§ 14. Eine Strafverfolgung der in den §§ 4, 5, 6, 7 und 8 genannten Straftaten ist vom öffentlichen Ankläger nicht einzuleiten, wenn nicht der Verletzte einen Antrag darauf stellt oder, falls der Schuldige mit der betreffenden Frau die Ehe eingegangen ist, die Nichtigkeitserklärung der Ehe beantragt wird. Wenn um die Nichtigkeitserklärung einer solchen Ehe nicht nachgesucht wird, findet keine Strafverfolgung statt.

Auch die in den §§ 12 und 13 genannten Straftaten sind vom öffentlichen Ankläger nicht zu verfolgen, wenn der Verletzte keinen Antrag darauf stellt.

26. Kapitel.

Falsche und unbewiesene Anschuldigung.

§ 1. Wer wider besseres Wissen vor Gericht oder einer anderen Behörde jemanden einer Straftat beschuldigt, die dieser nicht begangen hat, oder fälschlicherweise eine Straftat anzeigt und dadurch eine Strafverfolgung gegen einen andern veranlaßt, wird mit Zuchthaus bis zu vier Jahren und Verlust der bürgerlichen Ehrenrechte oder mit Gefängnis nicht unter vier Monaten oder, wenn besonders mildernde Umstände vorliegen, mit Gefängnis von zwei Monaten bis zu zwei Jahren oder mit Geldstrafe nicht unter (200 Mark) bestraft.

Ist der Beschuldigte zu Zuchthaus oder zum Tode verurteilt und ist die Strafe ganz oder teilweise vollstreckt worden, so wird der Angeber mit Zuchthaus von zwei bis zu zwölf Jahren oder auf Lebenszeit und mit dem Verlust der bürgerlichen Ehrenrechte bestraft.

§ 2. Wer, um die Bestrafung eines anderen herbeizuführen, wider besseres Wissen gegen ihn einen unwahren und belastenden Umstand anführt, der eine Strafverfolgung zur Folge hat, oder Beweise für dessen Unschuld beseitigt oder, nachdem eine Strafverfolgung eingeleitet worden ist, Beweise für die Unschuld des Beschuldigten vernichtet oder gegen diesen einen unwahren und belastenden Umstand anführt, wird gemäß den Bestimmungen von § 1 bestraft.

§ 3. Wer wider besseres Wissen fälschlich eine Straftat bei dem anzeigt, dem die Strafverfolgung derselben obliegt, wird, auch wenn keine Strafverfolgung eingeleitet wird, mit Gefängnis von einem Monat bis zu zwei Jahren oder mit Geldstrafe nicht unter (50 Mark) bestraft.

§ 4. Wer nicht wider besseres Wissen gegen einen andern eine Strafverfolgung einleitet oder veranlaßt, aber den Wahrheitsbeweis für seine Anzeige nicht führen kann, wird mit Geldstrafe oder mit Gefängnis bis zu einem Jahr bestraft.

Wenn er für seine Anzeige Wahrscheinlichkeitsgründe anführt, bleibt er straflos.

§ 5. Wer nach diesem Kapitel zu einer Strafe verurteilt wird, ist zugleich zu verpflichten, dem Kläger, wenn dieser es fordert, die Kosten für den Abdruck des Urteils in einer allgemeinen oder örtlichen Zeitung zu erstatten.

27. Kapitel.

Beleidigung.

§ 1. Wer wider besseres Wissen wahrheitswidrig einem anderen eine bestimmte Straftat oder eine bestimmte Art von Straftaten oder eine andere solche Handlung vorwirft, die diesen verächtlich zu machen oder in seinem Gewerbe oder Fortkommen zu schädigen geeignet ist, oder Lügen oder unwahre Gerüchte über ihn verbreitet, wird wegen Verleumdung mit Gefängnis von einem Monat bis zu einem Jahr oder mit Geldstrafe nicht unter (100 Mark) bestraft.

Geschieht die Verleumdung öffentlich oder durch eine Druck- oder andere Schrift oder eine bildliche Darstellung, die der Schuldige verbreitet oder verbreiten läßt, so ist auf Gefängnis von zwei Monaten bis zu zwei Jahren oder auf Geldstrafe nicht unter (200 Mark) zu erkennen.

§ 2. Wer vorsätzlich, jedoch nicht wider besseres Wissen einem anderen eine bestimmte Straftat oder eine bestimmte Art von Straftaten oder eine andere solche Handlung vorwirft, die diesen verächtlich zu machen oder in seinem Gewerbe oder Fortkommen zu schädigen geeignet ist, oder derartige Gerüchte über ihn verbreitet, wird, wenn er keine Wahrscheinlichkeitsgründe für die Beschuldigung oder das Gerücht anführen kann, mit Geldstrafe von (50) bis zu (500 Mark) oder mit Gefängnis bis zu sechs Monaten bestraft.

Geschieht eine solche Verleumdung öffentlich oder durch eine Druck- oder andere Schrift oder eine bildliche Darstellung, die der Schuldige verbreitet oder verbreiten läßt, so ist auf Geldstrafe nicht unter (100 Mark) oder auf Gefängnis bis zu einem Jahr zu erkennen.

§ 3. Wer auf andere als die obengenannte Weise einen anderen durch beschimpfende Äußerungen, Drohungen oder andere beleidigende Handlungen kränkt, wird wegen Beleidigung mit Geldstrafe bis zu (200 Mark) oder mit Gefängnis bis zu drei Monaten bestraft.

Geschieht die Beleidigung öffentlich oder durch eine Druck- oder andere Schrift oder eine bildliche Darstellung, die der Schuldige verbreitet oder verbreiten läßt, so ist auf Geldstrafe bis zu (500 Mark) oder auf Gefängnis bis zu vier Monaten zu erkennen.

§ 4. Wer das Andenken eines Toten dadurch beschimpft, daß er diesem wider besseres Wissen wahrheitswidrig eine bestimmte Straftat oder eine bestimmte Art von Straftaten oder eine andere solche Handlung vorwirft, die den Toten bei seinen Lebzeiten verächtlich zu machen geeignet gewesen wäre, oder Lügen oder unwahre Gerüchte über ihn verbreitet, wird zu Gefängnis bis zu sechs Monaten oder zu Geldstrafe verurteilt.

Wenn der, gegen den die Beleidigung gerichtet ist, seit 20 Jahren oder länger tot ist, so ist das Recht zur Strafverfolgung derselben verjährt.

§ 5. Wer wegen Beleidigung im Sinne dieses Kapitels angeklagt wird, hat das Recht, die Wahrheit der von ihm ausgesprochenen Beschuldigung zu beweisen, wenn er sich anerbietet, eine bestimmte Handlung zu belegen; diesen Beweis hat er in dem Beleidigungsprozeß zu führen. Ein Zeuge kann jedoch gemäß § 4 des 17. Kapitels der Prozeßordnung auch vor einem anderen Gericht verhört werden als dem, wo die Sache anhängig gemacht worden ist.

Enthält die beleidigende Äußerung eine Beschuldigung wegen einer Straftat, worüber schon ein rechtskräftiges Urteil gefällt worden ist, so ist die Äußerung dann als bewiesen anzusehen, wenn der, auf den sie sich bezieht, der Straftat für schuldig befunden wurde, jedoch als unbewiesen, wenn er freigesprochen wurde. Ist die Strafverfolgung der betreffenden Straftat eingeleitet, aber ein Urteil noch nicht gefällt oder noch nicht rechtskräftig geworden, so ist die Verhandlung der Beleidigungssache zu vertagen, bis dies geschehen ist. Will der, der die Beschuldigung ausgesprochen hat, die Strafverfolgung einleiten oder beantragen und ist er der Kläger oder unterliegt die Straftat öffentlicher Strafverfolgung, so gilt das Gleiche, wenn er beweist, daß die Sache innerhalb der vom Gericht festgesetzten Frist anhängig gemacht worden ist.

Ist das Strafverfolgungsrecht gemäß den Bestimmungen des 8. Kapitels verjährt, so bildet das kein Hindernis der Erbringung des Beweises für die Wahrheit der geäußerten Beschuldigung.

§ 6. Wenn ein wegen Beleidigung Angeklagter die Wahrheit der von ihm ausgesprochenen Beschuldigung beweist, aber aus der Form der Beschuldigung oder den Umständen, unter denen sie geäußert wurde, hervorgeht, daß er die Absicht hatte, zu kränken, so ist er trotzdem wegen Beleidigung zu bestrafen.

Wer in der Absicht, einen anderen zu kränken, ihn einer Straftat beschuldigt, für die er bereits bestraft worden ist, wird gleichfalls wegen Beleidigung bestraft.

§ 7. Wer wegen Beleidigung verurteilt wird, ist zugleich den Umständen nach zu verpflichten, dem Kläger, falls dieser es fordert, die Kosten für den Abdruck des Urteils in einer allgemeinen oder örtlichen Zeitung zu erstatten.

§ 8. Verleumdung oder Beleidigung sind vom öffentlichen Ankläger nicht zu verfolgen, wenn der Gekränkte oder die gekränkte Behörde keinen Antrag darauf stellt. Ist das Andenken eines Toten beschimpft worden, so sind dessen Gattin, Eltern, Kinder oder Geschwister berechtigt, die Strafverfolgung einzuleiten oder zu beantragen.

28. Kapitel.

Diebstahl.

§ 1. Wer Sachen oder Geld stiehlt, wird wegen Diebstahls mit Gefängnis bis zu zwei Jahren oder bei besonders erschwerenden Umständen mit Zuchthaus bis zu vier Jahren bestraft.

Ist der Diebstahl in Anbetracht des Wertes des gestohlenen Gutes und der übrigen Umstände als unbedeutend anzusehen, so ist wegen geringfügigen Diebstahls auf höchstens 100 Tagesgeldbußen oder auf Gefängnis bis zu sechs Monaten zu erkennen.

Der Versuch einer der in diesem Paragraphen genannten Straftaten ist strafbar. Gesetz vom 14. Juni 1946.

§ 2. Wer einen Diebstahl begeht:

1. in der Kirche an Sachen, die dieser gehören oder dort aufbewahrt werden;

2. an Sachen, die der öffentlichen Post oder einer anderen öffentlichen Einrichtung zur Weiterbeförderung anvertraut sind;

3. an Sachen, die in öffentlichen Bücher- oder Handschriftensammlungen oder in öffentlichen Sammlungen von wissenschaftlichen Gegenständen oder Kunst- oder Industrieerzeugnissen verwahrt werden;

4. an verschlossenen Briefen oder Umschlägen;

5. durch Einbruch;

6. nachts in einem bewohnten Haus oder Schiff, in dem sich der Täter in der Absicht, zu stehlen oder zu rauben, versteckt hat oder in das er unbefugt hereingekommen ist;

7. gegen jemanden, der wegen Aufruhrs, Bedrängung durch den Feind, Feuerbrunst, Wassersnot, Schiffbruchs, Epidemie oder einer anderen Gefahr sein Eigentum nicht schützen kann;

8. in einem Schiff, das gestrandet ist oder sonstwie einen Schiffbruch erlitten hat;

9. an Sachen, die zu einem Leuchtturm oder Seezeichen gehören;

10. an Pferden, Kühen, Renntieren oder anderem Vieh, das draußen weidet;

11. gegen Personen, die sich im Bade befinden oder draußen schlafen oder schwer krank darniederliegen oder nicht bei Bewußtsein sind, oder gegen Kinder unter zwölf Jahren oder Geisteskranke oder Tote oder in einem Leichenhause oder Grabe oder

12. an Kleidern, die ein anderer auf dem Leibe trägt;
wird wegen schweren Diebstahls mit Zuchthaus bis zu sechs Jahren oder bei besonders mildernden Umständen mit Gefängnis nicht unter zwei Monaten bestraft.

Auf gleiche Strafe ist zu erkennen, wenn sich der Dieb zur Verübung der Straftat mit einer Waffe oder einem lebensgefährlichen Werkzeug versehen hat oder wenn der Diebstahl von zweien oder mehreren verübt wird, die sich zusammengeschlossen haben, um zu stehlen oder zu rauben oder ein anderes ähnliches Verbrechen zu begehen.

Der Versuch einer der in diesem Paragraphen genannten Straftaten ist strafbar. Gesetz vom 14. Juni 1946.

§ 3. Wer in der Absicht, wenig oder viel zu stehlen, mit Gewalt in einen Hof, ein Haus, ein Schiff oder einen verschlossenen Aufbewahrungsort einbricht oder sich durch Dietriche, Nachschlüssel oder andere List dorthin Eingang verschafft oder auch mit Gewalt oder List einen Schrank, eine Kiste, einen Kasten oder ein sonstiges Behältnis, das mit einem Schloß, Siegel oder anderem ähnlichem Verschluß versehen ist, öffnet, ohne es wegzubringen, wird, wenn er nicht zugleich einen Diebstahl begeht oder zu begehen versucht, wegen Einbruchs mit Zuchthaus bis zu einem Jahr oder bei besonders mildernden Umständen mit Gefängnis bis zu sechs Monaten bestraft.

Der Versuch ist strafbar.

§ 4, 5 und 6 sind durch das Gesetz vom 17. November 1939 aufgehoben worden.

§ 7. Wenn jemand an verschiedenen Orten und zu verschiedenen Zeiten Diebstähle oder Einbrüche begeht oder daran teilnimmt oder versucht, solche Straftaten zu begehen, und gleichzeitig für die verschiedenen Straftaten vor Gericht angeklagt wird, so kommen die Bestimmungen von § 2 oder 3 des 7. Kapitels zur Anwendung.

§ 8. Wer wegen Diebstahls oder Einbruchs eine Strafe verwirkt hat, ist auch der bürgerlichen Ehrenrechte verlustig zu erklären.

29. Kapitel.

Unterschlagung.

§ 1. Wer eine fremde bewegliche Sache, die er in Besitz oder Verwahrung hat, sich rechtswidrig aneignet, wird wegen Unterschlagung mit Geldstrafe oder mit Gefängnis bis zu zwei Jahren bestraft.

War die Sache dem Täter unter Schloß, Siegel oder anderem Verschluß anvertraut oder vor einem Aufruhr, vor dem Feind, vor einer Feuersbrunst oder Wassersnot oder einem Schiffbruch oder einer sonstigen ähnlichen Gefahr gerettet, oder liegen sonstwie besonders erschwerende Umstände vor, so ist auf Gefängnis nicht unter zwei Monaten oder Zuchthaus bis zu vier Jahren zu erkennen. Gesetz vom 14. Juni 1946.

§ 2. Wenn jemand, der etwas findet oder durch einen anderen ähnlichen Zufall in den Besitz einer Sache gelangt, den Fund verheimlicht, falls der Eigentümer oder ein sonst dazu Berechtigter sich danach erkundigt, oder ihn auf andere Weise sich widerrechtlich aneignet, wird er mit Geldstrafe oder mit Gefängnis bis zu einem Jahr bestraft.

Wer die Vorschriften über Meldung oder Ablieferung von Fundsachen nicht befolgt, wird mit höchstens 50 Tagesgeldbußen bestraft.

Über Altertumsfunde sind besondere Bestimmungen erlassen. Gesetz vom 19. November 1943.

30. Kapitel.

Entwendung von gemeinschaftlichem Gut.

§ 1. Wenn Ehegatten einander oder Kinder ihren Eltern oder Pflegekinder ihren Pflegeeltern oder Teilhaber an einem Nachlaß oder sonstige Teilhaber an einer gemeinsamen Masse oder an einer Gesellschaft aus dem Nachlaß, der Masse oder Gesellschaft etwas entwenden, so wird der Schuldige wegen Entwendung von gemeinschaftlichem Gut zu Geldstrafe verurteilt. Liegen besonders erschwerende Umstände vor, so ist auf Gefängnis bis zu einem Jahr zu erkennen.

§ 2. Eine Strafverfolgung wegen Entwendung von gemeinschaftlichem Gut ist vom öffentlichen Ankläger nicht einzuleiten, wenn der Geschädigte keinen Antrag darauf stellt.

31. Kapitel.

Raub und Erpressung.

§ 1. Wer mit Gewalt oder unter Anwendung von Drohungen mit unmittelbarer Gefahr für Leben oder Gesundheit einem anderen Gut oder Geld wegnimmt, um es rechtswidrig sich selbst anzueignen oder einem anderen zukommen zu lassen, wird wegen Raubes mit Zuchthaus bis zu zehn Jahren bestraft.

Der Versuch ist strafbar. Gesetz vom 14. Juni 1946.

§ 2. Wer einen Raub begeht:

1. an der öffentlichen Post;

2. an Reisenden zu Lande oder zu Wasser;

3. an jemandem, der wegen Aufruhrs, Bedrängung durch den Feind, Feuersbrunst, Wassersnot, Schiffbruchs, Epidemie oder einer anderen Gefahr sein Eigentum nicht schützen kann;

4. an jemandem, der wegen einer zu seinem Beruf gehörenden Arbeit oder Aufgabe sich oder sein Eigentum nicht verteidigen kann; oder

5. nachts in einem bewohnten Haus oder Schiff, in dem sich der Täter in der Absicht, zu rauben oder zu stehlen, versteckt hat oder in das er unbefugt hereingekommen ist;

wird wegen schweren Raubes mit Zuchthaus von zwei bis zu zwölf Jahren bestraft.

Auf gleiche Strafe ist zu erkennen, wenn der Raub von zweien oder mehreren verübt wird, die sich zusammengeschlossen haben, um zu rauben oder zu stehlen.

Der Versuch einer der in diesem Paragraphen genannten Straftaten ist strafbar. Gesetz vom 18. März 1949.

§ 3. Wenn jemand, der bei einem Diebstahl oder Einbruch oder einem Versuch dazu auf frischer Tat ertappt wird, gegen einen andern Gewalt oder Drohungen mit unmittelbarer Gefahr für Leben oder Gesundheit anwendet, um das entwendete Gut behalten oder die Straftat vollenden zu können, ist er je nach der Sachlage wie für Raub oder Versuch desselben nach § 1 oder 2 zu bestrafen.

§ 4. Wer sich, um sich oder einem anderen einen Vorteil zu verschaffen, durch Drohungen von jemandem Gut oder Geld, Schuldnachlaß, einen Schuldschein, eine Bürgschaft oder einen sonstigen materiellen Vorteil erpreßt, auf den er kein Recht hat, wird wegen Erpressung mit Zuchthaus bis zu vier Jahren oder mit Gefängnis nicht unter zwei Monaten bestraft.

Der Versuch ist strafbar.

Enthält die Drohung eine unmittelbare Gefahr für Leben oder Gesundheit oder wird gegen den anderen Gewalt angewandt, so ist der Schuldige nach § 1 oder 2 zu bestrafen.

§§ 5 und 6 sind durch das Gesetz vom 17. November 1939 aufgehoben worden.

§ 7. Wer wegen Raubes oder Erpressung verurteilt wird, ist auch der bürgerlichen Ehrenrechte verlustig zu erklären.

32. Kapitel.

Hehlerei und sonstige rechtswidrige Befassung mit auf verbrecherische Weise erlangtem Gut.

§ 1. Wer Sachen, von denen er weiß, daß sie durch Mauserei, Diebstahl, Raub oder Erpressung erlangt sind, ohne daß er selbst an der Straftat beteiligt war, verhehlt, kauft, eintauscht, als Geschenk oder Pfand annimmt, veräußert, verändert oder umarbeitet, wird wegen Hehlerei mit Geldstrafe oder mit Gefängnis bis zu zwei Jahren oder bei besonders erschwerenden Umständen mit Zuchthaus bis zu drei Jahren bestraft. Die Strafe ist jedoch nicht höher zu bemessen als für Beihilfe zu der Straftat, durch die die betreffende Sache erlangt worden ist.

§ 2 ist durch das Gesetz vom 17. November 1939 aufgehoben worden.

§ 3. Wer gewerbsmäßig oder gewohnheitsmäßig Hehlerei treibt, wird mit Zuchthaus von zwei bis zu zehn Jahren und Verlust der bürgerlichen Ehrenrechte bestraft.

§ 4. Wer sich auf die in § 1 angegebene Weise mit Sachen befaßt, die durch eine andere Straftat erlangt worden sind als die dort genannten und deren rechtswidriger Erwerb ihm bekannt war, ohne daß er selbst an der Straftat beteiligt war, wird mit Geldstrafe oder mit Gefängnis bis zu einem Jahr bestraft. Die Strafe ist jedoch nicht höher zu bemessen als für Beihilfe zu der Straftat, durch die die betreffende Sache erlangt worden ist.

§ 5. Wer Sachen, die ein anderer durch eine Straftat erlangt hat und deren rechtswidrigen Erwerb zu vermuten er Anlaß hat, kauft, eintauscht, als Geschenk oder Pfand annimmt, veräußert, verändert oder umarbeitet, wird mit höchstens 100 Tagesgeldbußen oder mit Gefängnis bis zu sechs Monaten bestraft.

Gleiche Strafe trifft den, der auf die hier angegebene Weise von einer Militärperson dem Staat gehörendes Gut annimmt, dessen Erlangung ihm verdächtig erscheinen müßte. Gesetz vom 14. Juni 1946.

§ 6. Wenn jemand, der in gutem Glauben in den Besitz fremden Gutes gelangt ist, dieses verheimlicht, nachdem er in Erfahrung gebracht hat, daß es durch eine Straftat erlangt worden ist, so ist er zu Geldstrafe bis zu (100 Mark) zu verurteilen.

33. Kapitel.

Rechtswidrige Benutzung fremden Bodens sowie rechtswidrige Jagd und Fischerei.

§ 1. Wer auf fremdem Grund und Boden rechtswidrig und in der Absicht, sie ganz oder teilweise sich anzueignen oder einem anderen zukommen zu lassen, vorsätzlich wachsende Bäume fällt oder beschädigt oder in derselben Absicht trockene oder vom Wind umgewehte Bäume oder von wachsenden Bäumen Reiser, Äste, Wurzeln, Rinde, Borke, Laub, Bast, Harz, Eicheln, Zapfen oder Nüsse wegnimmt oder Gras mäht oder Moos, Flechten, Torf, Erdreich, Lehm, Sand, Kies oder Steine entfernt, wird ohne Rücksicht darauf, ob er es wegbringt oder nicht, wegen Beschädigung mit höchstens 20 Tagesgeldbußen bestraft, wenn die Tat nicht nach § 3 dieses Kapitels zu bestrafen ist.

Übersteigt die Höhe des angerichteten Schadens 200 Mark oder werden angepflanzte oder gepflegte Bäume oder Büsche oder eine besonders gepflegte Stelle beschädigt oder liegen sonst besonders erschwerende Umstände vor, so ist, einerlei ob der Wert 200 Mark übersteigt oder nicht, auf wenigstens fünf Tagesgeldbußen oder auf Gefängnis bis zu einem Jahr zu erkennen.

Wer einen der obengenannten Gegenstände ohne die im ersten Absatz erwähnte Absicht beschädigt, wird mit höchstens fünf Tagesgeldbußen oder, wenn die Höhe des angerichteten Schadens 200 Mark übersteigt oder sonst besonders erschwerende Umstände vorliegen, mit höchstens 50 Tagesgeldbußen oder mit Gefängnis bis zu sechs Monaten bestraft.

Ist der Schaden, der durch eine der in diesem Paragraphen genannten Handlungen verursacht wird, sehr unbedeutend, so ist es dem Ermessen des Richters anheimstellt, ob auf mehr als Schadenersatz zu erkennen ist. Gesetz vom 17. November 1939.

§ 2. Ist jemand, dem auf einer Reise das Fahrzeug zerbricht oder ein anderer Unfall zustößt, infolgedessen gezwungen, aus dem Walde oder Gehege eines anderen etwas zu nehmen, so bleibt er straflos, hat aber den Schaden zu ersetzen, falls der Eigentümer das fordert.

§ 3. Wer unbefugt Obstbäume oder fruchttragende Büsche oder etwas von diesen aus einem fremden Garten oder Gehege oder von einem fremden Felde nimmt oder Erdfrüchte, Getreide, Gras oder etwas anderes, was an einem solchen Ort oder auf einer Wiese oder auf einem anderen anbaufähigen Land gesät oder gepflanzt ist, wegnimmt, wird je nach der Art der Straftat für Diebstahl oder geringfügigen Diebstahl bestraft.

Gleiche Strafe trifft den, der unbefugt von fremdem Grund und Boden geschlagenes Holz, Balken oder Zaunholz, behauene Steine oder etwas anderes zum Gebrauch Vorbereitetes oder Gesammeltes wegnimmt oder einen wertvollen Baum fällt, um ihn sich anzueignen oder einem anderen zukommen zu lassen. Gesetz vom 4. Juni 1937.

§ 4. Wer auf fremdem Grund und Boden unbefugt schwendet[1]), wird mit Geldstrafe von (50) bis zu (500 Mark) bestraft.

Wenn er auf dem so urbar gemachten Boden etwas sät, fällt die Saat oder ihr Wert dem Grundbesitzer zu, falls nicht durch besondere Bestimmungen etwas anderes festgesetzt ist.

§ 5. Wer unbefugt auf fremdem Grund und Boden baut, gräbt, pflügt, sät oder pflanzt oder einen Teil davon in Besitz nimmt, wird mit Geldstrafe bis zu (200 Mark) bestraft.

Die Saat oder das Gepflanzte oder dessen Wert fällt dem gesetzlichen Grundbesitzer zu.

§ 6. Wenn jemand, der fremden Grund und Boden bebaut oder besitzt, von demselben unbefugt einen wertvollen Baum oder einen der in § 1 genannten Gegenstände verkauft oder sonstwie veräußert oder sonst auf eine in jenem Paragraphen angegebene Weise sein Nutzungsrecht an diesem Grund und Boden überschreitet, ist er mit Geldstrafe oder mit Gefängnis bis zu einem Jahr zu bestrafen.

Wer auf solchem Grund und Boden unbefugt schwendet, wird nach § 4 verurteilt.

Ist der angerichtete Schaden sehr geringfügig, so kann eine im ersten Absatz genannte Handlung straflos bleiben. Gesetz vom 4. Juni 1937.

---

[1]) schwenden: durch Verbrennen des Holzes oder Grases artbar (urbar) machen.

§ 7. Wenn ein Teilhaber an gemeinschaftlichem Wald oder Grund und Boden davon unbefugt einen wertvollen Baum oder einen der in § 1 genannten Gegenstände verkauft oder sonstwie veräußert oder sonst auf eine in jenem Paragraphen angegebene Weise sein Nutzungsrecht am gemeinschaftlichen Gut überschreitet oder dort unbefugt schwendet, wird er, falls seine Straftat nicht an einer anderen Gesetzesstelle mit einer strengeren Strafe bedroht ist, mit höchstens 100 Tagesgeldbußen oder mit Gefängnis bis zu vier Monaten bestraft.

Das angeeignete Gut oder die Saat oder das Gepflanzte oder dessen Wert fällt den übrigen Teilhabern am gemeinschaftlichen Grund und Boden zu, wenn nicht durch besondere Bestimmungen etwas anderes festgesetzt ist. Gesetz vom 4. Juni 1937.

§ 8 ist durch das Gesetz über die Schutzwälder vom 11. August 1922 aufgehoben worden.

§ 9. Wer vorsätzlich unbefugt Vieh auf fremdes Weideland läßt, wird mit Geldstrafe bis zu (200 Mark) bestraft.

Wer durch Vernachlässigung einer Aufsichtspflicht über eigenes oder fremdes Vieh oder sonstwie daran schuld ist, daß dieses unbefugt auf fremdes Weideland gelangt, wird mit Geldstrafe bis zu (50 Mark) bestraft.

§ 10. Die Überschreitung des Weiderechts an gemeinschaftlichem Grund und Boden wird mit Geldstrafe bis zu (50 Mark) bestraft.

§ 11. Wer unbefugt einen Weg oder Fußpfad über den Hof eines anderen oder über fremde Äcker, Wiesen oder Pflanzungen legt, die dadurch Schaden erleiden können, wird mit Geldstrafe bis zu (50 Mark) bestraft.

§ 12. Wer in einem solchen Gebiet jagt, wo er kein Jagdrecht hat, oder das Jagdrecht überschreitet, das er als Teilhaber eines gemeinschaftlichen Jagdreviers oder auf Grund eines Vertrages über die Bildung eines gemeinschaftlichen Jagdgebiets oder eines Jagdpachtvertrages oder einer besonderen Erlaubnis besitzt, ist zu höchstens 50 Tagesgeldbußen zu verurteilen.

Als unbefugte Jagd ist es auch zu betrachten, wenn jemand auf einem solchen Grund und Boden, wo er kein Jagdrecht hat, tot vorgefundenes Wild, Eier in Freiheit lebender Vögel oder Eiderdaunen sich aneignet. Gesetz vom 6. April 1934.

§ 13. Wer unbefugt in solchem Wasser fischt, das einem anderen gehört oder in dem er kein Recht zu diesem Fang hat, wird mit Geldstrafe bis zu (200 Mark) oder, wenn die Straftat in einem Schongebiet begangen wird oder sonst erschwerende Umstände vorliegen, bis zu (500 Mark) bestraft; die Beute oder ihr Wert fällt dem Inhaber des Fischrechtes zu.

Wenn ein Eigentümer eines Fischwassers oder ein Teilhaber an einem solchen darin eine solche Art von Fischfang treibt, die dort verboten ist, oder wenn er unbefugt in einem Schongebiet fischt oder als Teilhaber sein Fischrecht auf andere Weise ausnutzt, als er es nach der festgesetzten Regelung darf, wird er mit Geldstrafe bis zu (200 Mark) bestraft. Die Beute oder ihr Wert fällt entweder dem Staat zu oder, wenn einer von ihnen die Straftat anzeigt oder die Strafverfolgung einleitet, den übrigen Teilhabern an dem Fischwasser.

Die Strafe für einen, der zur Schonzeit oder auf verbotene Weise fischt, ist besonders festgesetzt.

Zur Fischerei wird auch der Krebsfang und der Fang von Perlmuscheln gerechnet. Verordnung vom 23. Juli 1902.

§ 14. Wer aus einem fremden Jagdpark oder Jagdgerät Wild oder aus einem fremden Fischereigerät, Fischkasten oder Teich Fische sich aneignet, wird wegen Diebstahls oder Mauserei bestraft.

§ 15. Wer unbefugt durch Graben oder sonstwie fremdes Fischwasser zu sich leitet oder zu leiten versucht oder unbefugt in einem als Verkehrsstraße für Fische dienenden Gewässer fischt oder durch irgendwelche Vorrichtungen die Fische am Aufwärts- oder Abwärtsschwimmen oder am Hineingelangen in ein Fischwasser hindert oder zu hindern versucht, über das er nicht das alleinige Verfügungsrecht hat, wird mit Geldstrafe bis zu (500 Mark) bestraft. Verordnung vom 23. Juli 1902.

§ 16. Wenn durch eine der in diesem Kapitel erwähnten Straftaten lediglich ein privates Recht verletzt worden ist, hat der öffentliche Ankläger, falls es sich nicht um Diebstahl oder Mauserei handelt, keine Strafverfolgung einzuleiten, es sei denn, daß der Verletzte einen Antrag darauf stellt.

§ 17. Wer, wenn er bei der Begehung einer in diesem Kapitel genannten Straftat auf frischer Tat ertappt wird, dem Eigentümer, Besitzer oder Verwalter des Grund und Bodens oder des Fischwassers oder seinen Leuten Widerstand leistet, wenn einer derselben den Täter an seinem Vorhaben hindern oder ihm das, was er sich unbefugt angeeignet hat oder was gemäß besonderen Vorschriften als Beweisstück für die Straftat einbehalten werden darf, abnehmen will, wird, falls der Widerstand nicht nach dem 31. Kapitel als Raub anzusehen ist, mit Geldstrafe bis zu (500 Mark) oder mit Gefängnis bis zu einem Jahr bestraft.

34. Kapitel.

Gemeingefährliche Straftaten.

§ 1. Wer vorsätzlich ein Haus oder sonstiges Gebäude oder ein Fahrzeug oder etwas anderes, was Menschen als Wohnung dient, oder wo zur Zeit der Begehung der Straftat Menschen sich aufzuhalten pflegen oder wo sich seines Wissens jemand befindet, in Brand setzt, wird wegen Brandstiftung mit Zuchthaus von zwei bis zu zehn Jahren und Verlust der bürgerlichen Ehrenrechte bestraft.

Der Versuch ist strafbar.

Gehört das angezündete Vermögen dem Täter selbst und brachte die Brandstiftung keine Gefahr für Leben, Gesundheit oder Eigentum eines anderen mit sich, so finden die Bestimmungen dieses Paragraphen keine Anwendung.

§ 2. Wer vorsätzlich eine Kirche, eine Festung, einen Vorratsraum oder ein Zeughaus der Krone, ein öffentliches Archiv oder ein Gebäude, in dem sich Amtszimmer befinden oder in dem öffentliche Sammlungen von Büchern, Handschriften, wissenschaftlichen Gegenständen, Kunstwerken oder Industrieerzeugnissen verwahrt werden, in Brand setzt, wird mit Zuchthaus von vier bis zu zwölf Jahren und Verlust der bürgerlichen Ehrenrechte bestraft.

Der Versuch ist strafbar.

§ 3. Wenn in den in § 1 oder 2 genannten Fällen der Täter Löschgeräte wegschafft, um das Löschen des Feuers zu verhindern oder zu erschweren, oder wenn das Verbrechen in einer solchen Zeit begangen wird, in der Aufruhr, Bedrängung durch den Feind, Epidemie oder eine andere ähnliche Gefahr vorhanden ist, so wird der Schuldige mit Zuchthaus von sechs bis zu zwölf Jahren oder auf Lebenszeit bestraft. Dabei sind ihm auch die bürgerlichen Ehrenrechte abzuerkennen.

§ 4. Wer vorsätzlich in anderen als den in § 1 und 2 genannten Fällen ein Haus oder sonstiges Gebäude oder ein Fahrzeug oder wachsendes, gemähtes oder eingebrachtes Getreide oder einen Heu- oder Strohschober oder Wald oder Torfmoor oder Lager von Arbeitsgeräten, Brennholz, Kohle, Bauholz, Brettern oder sonstigen Bedarfsartikeln oder von Waren oder sonst etwas Ähnliches in Brand setzt, wird wegen Brandstiftung mit Zuchthaus bis zu acht Jahren und Verlust der bürgerlichen Ehrenrechte oder bei besonders mildernden Umständen mit Gefängnis nicht unter vier Monaten bestraft.

Der Versuch ist strafbar.

Gehört das angezündete Vermögen dem Täter selbst und brachte die Brandstiftung keine offensichtliche Gefahr für Leben oder Gesundheit eines anderen oder für die in § 1 oder 2 erwähnten Gegenstände oder für fremdes Eigentum von den im ersten Absatz dieses Paragraphen genannten Arten mit sich, so finden die Bestimmungen dieses Paragraphen keine Anwendung.

§ 5. Wer vorsätzlich durch Pulver oder andere Sprengstoffe Vermögen von den in § 1, 2 oder 4 genannten Arten beschädigt oder zu beschädigen versucht, ist wie für Brandstiftung oder Versuch dazu zu bestrafen.

Wer sonstwie durch Sprengstoff vorsätzlich Leben oder Gesundheit eines anderen in Gefahr bringt oder die Gefahr erheblicher Zerstörung für fremdes Eigentum heraufbeschwört, wird mit Zuchthaus bis zu acht Jahren und Verlust der bürgerlichen Ehrenrechte bestraft.

Der Versuch des im zweiten Absatz genannten Verbrechens ist strafbar. Gesetz vom 16. April 1919.

§ 6. Wer in der Absicht, eine Brandstiftung oder eine Sprengung von der in § 5 genannten Art vorzunehmen, Zünd- oder Sprengstoff sammelt, wird wegen dieser Vorbereitung mit Zuchthaus bis zu vier Jahren und Verlust der bürgerlichen Ehrenrechte oder mit Gefängnis bestraft.

Wer in der Absicht, damit eine Straftat zu begehen, Sprengstoff oder Werkzeuge zur Herstellung desselben anfertigt, beschafft oder bei sich verwahrt, wird nach den Bestimmungen des ersten Absatzes bestraft. Gleiche Strafe trifft den, der Beihilfe zu solcher Herstellung, Beschaffung oder Aufbewahrung leistet, obwohl er weiß oder Grund hat, anzunehmen, daß der Sprengstoff zu dem ebenerwähnten Zweck dienen soll.

Geschieht eine der im zweiten Absatz genannten Straftaten in der Absicht, Hochverrat zu begehen, so ist auf die im § 4 des 11. Kapitels angedrohte Strafe zu erkennen. Gesetz vom 16. April 1919.

§ 7. Wer durch Fahrlässigkeit oder Unvorsichtigkeit den Brand oder die Sprengung solchen Vermögens verschuldet, wie es in § 1, 2, oder 4 genannt wird oder sonstwie durch Sprengung Leben oder Gesundheit eines anderen in Gefahr bringt oder die Gefahr erheblicher Zerstörung für fremdes Eigentum heraufbeschwört, wird mit Geldstrafe nicht unter (100 Mark) oder mit Gefängnis bis zu zwei Jahren bestraft. Gesetz vom 16. April 1919.

§ 8. Wer vorsätzlich eine Überschwemmung herbeiführt, wird, wenn dieselbe Menschenleben gefährdet, mit Zuchthaus von vier bis zu zwölf Jahren und, wenn sie eine allgemeine Gefahr lediglich für Vermögenswerte mit sich bringt, mit Zuchthaus von zwei bis zu acht Jahren bestraft.

Der Versuch ist strafbar.

Für fahrlässige Herbeiführung einer Überschwemmung ist auf Geldstrafe nicht unter (50 Mark) oder auf Gefängnis bis zu einem Jahr zu erkennen.

§ 9. Wer in der Absicht, die Benutzung der Eisenbahn zu gefährden, eine solche Gefahr dadurch, daß er vorsätzlich die Bahnstrecke oder Bahntransportmittel oder anderes Eisenbahnzubehör beschädigt oder etwas auf die Bahn legt oder ein falsches Zeichen gibt oder auf andere ähnliche Weise hervorruft, wird mit Zuchthaus von zwei bis zu acht Jahren bestraft. Geschieht die Tat ohne eine solche Absicht, so ist auf Zuchthaus bis zu vier Jahren oder auf Gefängnis nicht unter sechs Monaten zu erkennen.

Der Versuch ist strafbar.

Für fahrlässige Hervorrufung von Gefahr bei der Benutzung der Eisenbahn wird der Schuldige mit Geldstrafe nicht unter (50 Mark) oder mit Gefängnis bis zu einem Jahr bestraft.

§ 10. Wer in der Absicht, Leben oder Gesundheit eines anderen zu gefährden, Dampfkessel, Dampfmaschinen, Einrichtungen zur Erzeugung von Leuchtgas, Pulver oder anderen ähnlichen Stoffen, Bergwerke oder dazugehörige Werkstätten, Gas- oder Wasserleitungen, Schleusen, Dämme oder andere ähnliche Wasserwerke, Wasserstraßen, Häfen, Schiffsbrücken, Brücken, Fähren, Wege oder Straßen oder solche Zäune oder Zeichen, die angebracht sind, um eine Gefahr zu Lande zu verhüten oder vor ihr zu warnen, vorsätzlich zerstört oder beschädigt, wird mit Gefängnis nicht unter zwei Monaten oder mit Zuchthaus bis zu vier Jahren bestraft. Geschieht die Tat ohne eine solche Absicht, so ist auf Gefängnis bis zu zwei Jahren oder auf Geldstrafe nicht unter (100 Mark) zu erkennen.

Der Versuch ist strafbar.

Für die fahrlässige Herbeiführung eines in diesem Paragraphen genannten Schadens wird der Schuldige mit Geldstrafe nicht unter (30 Mark) oder mit Gefängnis bis zu sechs Monaten bestraft.

§ 11. Wer an der Eisenbahn oder ihren Transportmitteln oder ihrem Zubehör oder an Kanälen oder Schleusen oder was zu ihnen gehört vorsätzlich eine solche Handlung begeht, die lediglich Behinderung oder Verzögerung in der Benutzung der betreffenden Einrichtungen hervorruft, wird mit Gefängnis bis zu zwei Jahren bestraft.

Für fahrlässige Herbeiführung einer solchen Behinderung oder Verzögerung wird der Schuldige mit Geldstrafe bis zu (500 Mark) oder mit Gefängnis bis zu drei Monaten bestraft.

§ 12. Wer an einer öffentlichen Telegrafen- oder Telefoneinrichtung oder deren Zubehör vorsätzlich eine Handlung begeht, durch die die Benutzung der betreffenden Einrichtung gehindert oder gestört wird, ist mit Gefängnis bis zu zwei Jahren zu bestrafen.

Für fahrlässige Herbeiführung einer solchen Behinderung wird der Schuldige mit Geldstrafe bis zu (500 Mark) oder mit Gefängnis bis zu drei Monaten bestraft.

Wer nicht oder nicht rechtzeitig ein Schiff, Fischnetz oder sonstiges Fischfanggerät wenigstens eine Seemeile weit von einem Telegrafenschiff, das gerade beim Legen oder Ausbessern von Kabeln ist, entfernt, obwohl das Telegrafenschiff Seezeichen ausgesetzt hat, wird mit Geldstrafe bis zu (150 Mark) bestraft.

Gleiche Strafe trifft den, der während des Legens oder Ausbesserns von Kabeln ein Schiff, Fischnetz oder sonstiges Fischfanggerät nicht wenigstens eine Viertelseemeile von den Seezeichen entfernt, die den Platz des Kabels anzeigen.

Wenn jemand, der sich eines der obengenannten Vergehen hat zuschulden kommen lassen, es unterläßt, das Schiff oder Fischfanggerät bis zum vorgeschriebenen Abstand zu entfernen, obwohl die Person, unter deren Leitung das Legen oder Ausbessern des Kabels erfolgt, ihn dazu auffordert, wird er mit Gefängnis bis zu einem Monat bestraft.

Wenn der Kapitän eines Schiffes, das Seetelegrafenkabel legt oder ausbessert, die Vorschriften über Seezeichen zur Verhütung von Schiffszusammenstößen auf See nicht einhält, wird er mit Gefängnis bis zu einem Monat oder mit Geldstrafe bis zu (300 Mark) bestraft. Verordnung vom 21. April 1894.

§ 13. Wer in der Absicht, Leben oder Gesundheit eines anderen zu gefährden, vorsätzlich das Sinken, Scheitern oder Stranden eines Schiffes verursacht, wird mit Zuchthaus von zwei bis zu acht Jahren und Verlust der bürgerlichen Ehrenrechte bestraft. Lag es nicht in seiner Absicht, eine solche Gefahr hervorzurufen, so ist auf Zuchthaus bis zu vier Jahren und Verlust der bürgerlichen Ehrenrechte zu erkennen.

Der Versuch ist strafbar.

Wer durch Fahrlässigkeit das Sinken, Scheitern oder Stranden eines Schiffes verursacht, wird mit Geldstrafe nicht unter (50 Mark) oder mit Gefängnis bis zu einem Jahr bestraft.

§ 14. Wer in der Absicht, Seefahrer zu gefährden, Leuchttürme, Leuchtschiffe, Leuchtsignale, Seezeichen, Wegweiser oder andere für die Schiffahrt aufgestellte Zeichen vorsätzlich zerstört, verdirbt, von der Stelle bewegt, verändert oder entfernt oder ein Feuer auslöscht, das zur Leitung der Seefahrer angezündet sein soll, oder es unterläßt, ein Feuer anzuzünden, das er zu diesem Zweck zu unterhalten verpflichtet ist, oder ein irreführendes Feuer anzündet oder sonstwie irreführende Zeichen ausstellt, wird mit Zuchthaus von zwei bis zu acht Jahren und Verlust der bürgerlichen Ehrenrechte bestraft. Hatte er nicht die obengenannte Absicht, so ist auf Zuchthaus bis zu vier Jahren und Verlust der bürgerlichen Ehrenrechte zu erkennen.

Der Versuch ist strafbar.

Wer aus Fahrlässigkeit eine der oben aufgezählten Straftaten begeht, wird mit Geldstrafe nicht unter (300 Mark) oder mit Gefängnis bis zu einem Jahr bestraft. Gesetz vom 16. April 1919.

§ 15. Wer vorsätzlich Wasserleitungen, Brunnen oder andere ähnliche Wasserbehälter oder Speisen, Getränke oder etwas anderes, was zum Gebrauch anderer dient oder zum Verkauf bestimmt ist, vergiftet oder solchen Dingen Stoffe beimischt, von denen er weiß, daß sie der Gesundheit schaden, oder Dinge, von denen er weiß, daß sie Gift oder ähnliche gefährliche Stoffe enthalten, feilhält, verkauft oder sonstwie verbreitet und die gefährliche Eigenschaft derselben verschweigt, wird mit Zuchthaus von zwei bis zu acht Jahren und Verlust der bürgerlichen Ehrenrechte bestraft.

Der Versuch ist strafbar.

Wer durch Fahrlässigkeit auf die soeben angegebene Weise Leben oder Gesundheit von Menschen gefährdet, wird mit Geldstrafe nicht unter (50 Mark) oder mit Gefängnis bis zu einem Jahr bestraft.

Die Speisen, Getränke oder anderen hier genannten Waren sind für verfallen zu erklären.

§ 16. Wer vorsätzlich eine Seuche unter Menschen verbreitet, wird mit Zuchthaus von zwei bis zu zwölf Jahren und Verlust der bürgerlichen Ehrenrechte bestraft.

Der Versuch ist strafbar.

Wer die Erkrankung eines anderen an einer Seuche dadurch verschuldet, daß er Vorschriften übertritt, die zur Verhütung oder Hemmung von Epidemien erlassen sind, wird mit Gefängnis bis zu zwei Jahren oder mit Geldstrafe nicht unter (50 Mark) bestraft.

§ 17. Wenn jemand durch eine oben in diesem Kapitel genannte vorsätzliche Handlung den Tod eines anderen verschuldet oder ihm eine schwere Körperverletzung zufügt, so finden die Bestimmungen des § 6 des 21. Kapitels Anwendung.

§ 18. Wer vorsätzlich eine Seuche unter Haustieren verbreitet, wird mit Zuchthaus bis zu vier Jahren oder Gefängnis nicht unter zwei Monaten bestraft.

Der Versuch ist strafbar.

Wer vorsätzlich eine Seuche unter Haustieren dadurch verbreitet, daß er Vorschriften, die zur Verhütung oder Hemmung von solchen Epidemien erlassen sind, übertritt, wird zu Gefängnis bis zu einem Jahr oder zu Geldstrafe verurteilt.

§ 19. Wer vorsätzlich Viehweiden, Wiesen, Futtervorräte, für das Vieh bestimmte Trinkwasser oder ähnliches vergiftet, so daß eine allgemeine Gefahr für fremdes Vieh entsteht, wird mit Zuchthaus bis zu vier Jahren bestraft.

Der Versuch ist strafbar.

§ 20. Wenn jemand, der es gegen Bezahlung übernommen hat, nach erfolgter Kriegserklärung Heeres- oder Kriegsmarinebedarf oder nach einer Mißernte oder einem ähnlichen Unglück Lebensmittel oder sonstige zur Verhütung oder Linderung der Not bestimmte Hilfsmittel heranzuschaffen, es vorsätzlich unterläßt, die Verpflichtung innerhalb der gesetzten Frist zu erfüllen, wird er mit Gefängnis nicht unter sechs Monaten bestraft.

Hat er es durch Fahrlässigkeit verschuldet, daß die Verpflichtung nicht erfüllt worden ist, so ist auf Gefängnis bis zu einem Jahr zu erkennen.

§ 21. Wenn jemand durch eine in diesem Kapitel genannte Fahrlässigkeit Leben, Gesundheit oder Eigentum gefährdet und die Gefahr, bevor daraus Schaden entstanden ist, durch eine Maßnahme oder Meldung des Täters beseitigt wird, ist es dem Ermessen des Gerichts anheimgestellt, ob ihm die Strafe für seine Fahrlässigkeit erlassen wird.

35. Kapitel.

Sachbeschädigung.

§ 1. Wer rechtswidrig ein fremdes Haus, Schiff oder Telefon oder einen Telegrafen oder eine Eisenbahn, einen Weg, eine Straße, Brücke, Schleuse, einen Damm oder ein ähnliches Bauwerk vorsätzlich zerstört oder beschädigt, wird, wenn die Beschädigung nicht ein Verbrechen anderer Art ist, worauf eine schwerere Strafe steht, mit Gefängnis oder mit Geldstrafe nicht unter (50 Mark) bestraft.

§ 2. Wer rechtswidrig unbewegliche Altertümer, öffentliche Denkmäler oder Bücher, Handschriften, wissenschaftliche Gegenstände oder Kunst- und Industrieerzeugnisse, die in einer öffentlichen Sammlung verwahrt werden oder ausgestellt sind, oder öffentliche Anpflanzungen oder etwas, was zu allgemeinem Nutzen oder zur Zierde an einem öffentlichen Platz oder in einem öffentlichen Gebäude aufgestellt ist, oder ein Grabmal vorsätzlich zerstört oder beschädigt, wird zu Gefängnis bis zu einem Jahr oder Geldstrafe verurteilt.

§ 3. Wegen vorsätzlicher Zerstörung oder Beschädigung fremden beweglichen oder unbeweglichen Vermögens, über die anderswo im Gesetz keine Bestimmungen enthalten sind, wird der Schuldige mit Geldstrafe bis zu (500 Mark) oder mit Gefängnis bis zu sechs Monaten bestraft.

Wenn der Schaden geringfügig ist, liegt es im Ermessen des Richters, ob auf mehr als Schadenersatz zu erkennen ist.

§ 4. Wird durch eine Beschädigung lediglich ein privates Recht verletzt, so ist die Straftat vom öffentlichen Ankläger nicht zu verfolgen, wenn der Klaginhaber keinen Antrag darauf stellt.

36. Kapitel.

Betrug und Fälschung.

§ 1. Wer in der Absicht, sich oder einem anderen einen rechtswidrigen Vermögensvorteil zu verschaffen, jemandem einen Verlust an Sachen oder Geld zufügt, indem er falsche Tatsachen vorspiegelt oder die Wahrheit entstellt oder verheimlicht und dadurch einen Irrtum erzeugt oder aufrechterhält: z. B. durch Verkauf verfälschter Ware für unverfälschte, gemischter für reine oder fehlerhafter für fehlerfreie; oder durch Verkauf oder Vermietung derselben Sache an zwei oder mehrere Personen; oder durch Verdingung als Dienstbote bei zwei oder mehreren Personen für dieselbe Zeit; oder dadurch, daß er unter dem Schein eines Verkaufs, einer Schenkung oder eines sonstigen Vertrages seinen Gläubigern Vermögenswerte entzieht, wenn eine Pfändung bevorsteht, oder im Handel oder sonstwie falsch mißt, wägt oder rechnet oder auf eine andere Weise den anderen hintergeht, wird wegen Betruges mit Geldstrafe oder mit Gefängnis bis zu einem Jahr oder bei besonders erschwerenden Umständen mit Zuchthaus bis zu zwei Jahren und Verlust der bürgerlichen Ehrenrechte bestraft.

Auf gleiche Strafe ist zu erkennen, wenn die Handlung nur in der Absicht begangen wird, einem anderen einen Vermögensnachteil zuzufügen.

Der Versuch ist strafbar.

§ 2. Wer in der Absicht, sich oder einem anderen einen rechtswidrigen Vermögensvorteil zu verschaffen, gegen Feuersgefahr versichertes Vermögen in Brand setzt oder ein Schiff, das als solches oder dessen Last oder Fracht versichert ist, zum Sinken oder Stranden bringt, wird mit Zuchthaus bis zu sechs Jahren und Verlust der bürgerlichen Ehrenrechte oder bei besonders mildernden Umständen mit Gefängnis nicht unter zwei Monaten bestraft.

Der Versuch ist strafbar.

§ 3. Wer, um sich oder einem anderen einen Vorteil zu verschaffen oder um einen anderen zu schädigen, Gerichtsbücher oder Originalprotokolle eines Gerichts oder einer anderen öffentlichen Behörde, Rechnungsbücher des Staates, Kirchenbücher, Einwohnerregister, Grundbücher oder andere ähnliche Urkunden, die dem allgemeinen Nutzen oder als allgemeine Richtschnur dienen, fälschlich verfertigt oder fälscht, wird mit Zuchthaus von einem bis zu sechs Jahren und Verlust der bürgerlichen Ehrenrechte bestraft. Macht er von der falschen oder gefälschten Urkunde Gebrauch, so ist auf Zuchthaus von zwei bis zu acht Jahren und Verlust der bürgerlichen Ehrenrechte zu erkennen.

Wurde die Straftat nicht in der obengenannten Absicht begangen, so ist auf Gefängnis nicht unter zwei Monaten zu erkennen.

§ 4. Wer eine öffentliche Urkunde, die von einer öffentlichen Behörde oder einem Beamten ausgefertigt ist, fälscht oder fälschlich eine solche Urkunde verfertigt und, um sich oder einem anderen einen Vorteil zu verschaffen oder um einen anderen zu schädigen, davon Gebrauch macht, wird mit Zuchthaus von einem bis zu vier Jahren und Verlust der bürgerlichen Ehrenrechte bestraft. Wenn besonders mildernde Umstände vorliegen, ist auf Gefängnis bis zu zwei Jahren oder auf Geldstrafe zu erkennen.

Ist die gefälschte Urkunde ein Reisepaß, ein Leumundszeugnis oder ein anderes ähnliches Zeugnis, so ist auf Gefängnis bis zu einem Jahr oder auf Geldstrafe zu erkennen.

§ 5. Wer Kaufbriefe, Testamente, Vertragsurkunden, Schuldscheine, Wechsel, Quittungen, Handelsbücher oder andere ähnliche Privaturkunden fälscht oder fälschlich verfertigt und, um sich oder einem anderen einen Vorteil zu verschaffen oder um einen anderen zu schädigen, davon Gebrauch macht, wird mit Zuchthaus bis zu vier Jahren und Verlust der bürgerlichen Ehrenrechte oder, wenn besonders mildernde Umstände vorliegen oder die Urkunde ein Verabschiedungsschein, ein von einer Privatperson ausgestelltes Leumundszeugnis oder ein anderes ähnliches Zeugnis ist, mit Gefängnis bis zu sechs Monaten oder mit Geldstrafe bis zu (500 Mark) bestraft.

§ 6. Wenn ein anderer als der Fälscher, um sich oder einem anderen einen Vorteil zu verschaffen oder um einen anderen zu schädigen, von einer Urkunde Gebrauch macht, von der er weiß, daß sie falsch ist, so ist er so zu bestrafen, als hätte er selbst die Fälschung begangen.

§ 7. Wer in der Absicht, sich oder einem anderen einen Vorteil zu verschaffen oder einen anderen zu schädigen, vorsätzlich jemanden irreführt, dessen Aufgabe es ist, Kirchenbücher, Einwohnerlisten oder ähnliche öffentliche Urkunden zu führen, und dadurch eine unrichtige Eintragung in denselben veranlaßt, wird mit Zuchthaus bis zu vier Jahren und Verlust der bürgerlichen Ehrenrechte oder bei besonders mildernden Umständen mit Gefängnis bis zu zwei Jahren oder mit Geldstrafe nicht unter (50 Mark) bestraft. Macht er von der unrichtigen Eintragung Gebrauch, so ist auf Zuchthaus von zwei bis zu acht Jahren und Verlust der bürgerlichen Ehrenrechte zu erkennen.

Wurde die Straftat nicht in der obengenannten Absicht begangen, so tritt Gefängnisstrafe bis zu einem Jahr oder Geldstrafe ein.

Macht ein anderer in der im ersten Absatz erwähnten Absicht von einer solchen unrichtigen Eintragung Gebrauch, so ist er so zu bestrafen, als hätte er selbst die unrichtige Eintragung veranlaßt.

§ 8. Die oben in diesem Kapitel angegebenen Bestimmungen gelten auch für Urkunden, die im Ausland geschrieben oder ausgefertigt sind.

§ 9. Wer, um sich oder einem anderen einen Vorteil zu verschaffen oder um einen anderen zu schädigen, Grenz- oder Marksteine, Merkmale für die Wasserhöhe oder andere ähnliche Merkzeichen vorsätzlich wegnimmt, zerstört, verrückt, versetzt oder falsch aufstellt, wird mit Zuchthaus bis zu vier Jahren und Verlust der bürgerlichen Ehrenrechte oder bei besonders mildernden Umständen mit Gefängnis bis zu zwei Jahren bestraft.

Wurde die Straftat nicht in der obengenannten Absicht begangen, so ist auf Gefängnis bis zu sechs Monaten oder auf Geldstrafe bis zu (500 Mark) zu erkennen.

§ 10. Wer, um sich oder einem anderen einen Vorteil zu verschaffen oder um einen anderen zu schädigen:

1. im Lande amtlich festgelegtes Stempelpapier, Stempelmarken, Briefmarken, Zollstempel oder andere öffentliche Steuerzeichen nachmacht oder fälscht;

2. an Maßen, Gewichten oder Wägegeräten, die im Lande amtlich festgelegt sind, oder an Waren staatliche Stempel oder andere öffentliche Zeichen, die als Beleg für Maß, Gewicht, Wägegerät oder Ware dienen, fälschlich anbringt oder fälscht oder Maße, Gewichte, Wägegeräte oder Waren, die in gehöriger Weise gestempelt oder gezeichnet sind, verfälscht oder

3. eine Ware mit einem im Lande amtlich festgelegten staatlichen Stempel oder sonstigen öffentlichen Zeichen versieht, das nicht für diese Ware bestimmt ist; wird mit

Zuchthaus bis zu zwei Jahren und Verlust der bürgerlichen Ehrenrechte oder bei besonders mildernden Umständen mit Gefängnis bis zu zwei Jahren bestraft.

Macht er von der nachgemachten oder gefälschten Sache Gebrauch, so ist auf Zuchthaus bis zu vier Jahren und Verlust der bürgerlichen Ehrenrechte oder auf Gefängnis bis zu drei Jahren zu erkennen.

Macht ein anderer als der Täter in der obengenannten Absicht zu eigenem oder fremdem Nutzen von der Fälschung Gebrauch, so ist er so zu bestrafen, als hätte er selbst die Fälschung begangen.

Die nachgemachten oder gefälschten Sachen sowie die falsch gestempelten Maße, Gewichte oder Wägegeräte sind als verfallen zu erklären. Das gleiche gilt für Stempel, Stanzen oder andere Werkzeuge, die zur Begehung einer in diesem Paragraphen genannten Straftat verwendet worden sind oder dafür bestimmt waren, sowie für mit falschen Zeichen versehene Waren, die beim Fälscher oder auf Lager vorgefunden oder feilgehalten werden. Verordnung von 21. April 1894.

§ 11. Wer im Lande amtlich festgelegtes echtes Stempelpapier, Stempelmarken, Briefmarken oder andere öffentliche Steuerzeichen, von denen er weiß, daß sie bereits verwendet worden sind, noch einmal gebraucht oder sie in Verkehr bringt, wird mit Gefängnis bis zu sechs Monaten oder zu Geldstrafe verurteilt. Verordnung vom 21. April 1894.

§ 12. Die Bestimmungen in den §§ 10 und 11 betreffen auch die Nachahmung und Fälschung von Briefmarken fremder Staaten sowie die Verwendung solcher Zeichen, von denen man weiß, daß sie bereits gebraucht worden sind, falls der Präsident der Republik bestimmt, daß die Marken des betreffenen Staates denselben Schutz genießen sollen wie gleichartige Marken des eigenen Landes. Verordnung vom 21. April 1894.

§ 13. Wer Waren feilhält oder in Verkehr bringt, von denen er weiß, daß sie mit dem gefälschten Zeichen eines im Lande ansässigen Herstellers oder Kaufmanns oder einer Firma oder Einrichtung versehen sind, wird mit Geldstrafe nicht unter (50 Mark) oder mit Gefängnis bis zu einem Jahr bestraft.

Auf gleiche Strafe ist zu erkennen, wenn die Ware mit dem gefälschten Zeichen eines in einem fremden Staat ansässigen Herstellers oder

Kaufmanns oder einer Firma oder Einrichtung versehen ist, falls zwischen diesem Staat und Finnland ein Vertrag über den Schutz von Warenzeichen und Fabrikmarken abgeschlossen worden ist oder finnische Hersteller oder Kaufleute, Firmen oder Einrichtungen in jenem Lande auf Gegenseitigkeit beruhenden gleichen Schutz genießen oder jemand hier im Lande durch die Fälschung betrogen wird.

Die Bestimmungen dieses Paragraphen sind auch dann einzuhalten, wenn an der Ware vorsätzlich Zeichen angebracht werden, die eine so große Ähnlichkeit mit dem Zeichen eines anderen haben, daß leicht eine Verwechslung vorkommen kann. Verordnung vom 21. April 1894.

37. Kapitel.

Münzverbrechen.

§ 1. Wer:

1. innerhalb oder außerhalb Finnlands geltendes Metallgeld oder geltendes Papiergeld, das von der Regierung Finnlands oder eines fremden Staates oder von der betreffenden Staatsbank oder mit Genehmigung einer der genannten Regierungen von einem anderen Geldinstitut ausgegeben worden ist, nachmacht;

2. aus echtem Papiergeld, das seine Geltung verloren hat, ein Zeichen, das die Ungültigkeit anzeigt, entfernt oder ihm durch irgendein anderes Verfahren den Schein gültigen Geldes verleiht;

3. echtem Metall- oder Papiergeld durch Veränderungen, die er daran vornimmt, den Schein höheren Wertes gibt; oder

4. nachgemachtes oder gefälschtes Metall- oder Papiergeld anschafft oder ins Land einführt, wird,

wenn er es in der Absicht tut, das Geld als echtes oder geltendes auszugeben und in Umlauf zu bringen, oder in einer anderen betrügerischen Absicht, mit Zuchthaus von zwei bis zu sechs Jahren oder bei besonders mildernden Umständen mit Zuchthaus bis zu zwei Jahren bestraft.

Bringt er solches Geld in Umlauf, so ist auf Zuchthaus von drei bis zu neun Jahren oder bei besonders mildernden Umständen bis zu drei Jahren zu erkennen.

Wer nach diesem Paragraphen verurteilt wird, dem sind auch die bürgerlichen Ehrenrechte abzuerkennen.

Der Versuch eines der hier genannten Verbrechen ist strafbar. Gesetz vom 27. Mai 1932.

§ 2. Wer nachgemachtes oder gefälschtes Metall- oder Papiergeld annimmt, um es als echtes oder gültiges auszugeben und in Umlauf zu bringen, wird mit Zuchthaus bis zu vier Jahren oder, wenn besonders mildernde Umstände vorliegen, mit Gefängnis bis zu zwei Jahren bestraft.

Wenn ein anderer als der, der Metall- oder Papiergeld nachgemacht oder gefälscht oder Falschgeld beschafft oder ins Land eingeführt oder an einem solchen Verbrechen teilgenommen hat, solches Geld in Umlauf bringt, obwohl er weiß, daß es Falschgeld ist, so wird er mit Zuchthaus von zwei bis zu sechs Jahren oder bei besonders mildernden Umständen mit Zuchthaus bis zu zwei Jahren bestraft.

Wer nach diesem Paragraphen verurteilt wird, dem sind auch die bürgerlichen Ehrenrechte abzuerkennen.

Der Versuch eines der hier genannten Verbrechen ist strafbar. Gesetz vom 27. Mai 1932.

§ 3. Wer nachgemachtes oder gefälschtes Metall- oder Papiergeld als echtes oder gültiges annimmt und, nachdem er dessen Unechtheit erkannt hat, wieder als echtes oder gültiges in Umlauf bringt, wird zu Gefängnis bis zu einem Jahr oder zu Geldstrafe verurteilt. Wenn besonders erschwerende Umstände vorliegen, ist auf Gefängnis oder Zuchthaus bis zu zwei Jahren zu erkennen.

Der Versuch ist strafbar.

§ 4. Die Bestimmungen dieses Kapitels über Papiergeld betreffen auch solche gedruckten Obligationen, Banknoten oder auf den Inhaber lautenden Wertpapiere, die von der Regierung Finnlands oder eines fremden Staates oder von der betreffenden Staatsbank oder mit Genehmigung der genannten Regierungen von einer Gemeinde, Körperschaft, Vereinigung, Gesellschaft oder Privatperson ausgegeben worden sind.

Als gedruckt ist ein Wertpapier auch dann zu betrachten, wenn die Unterschrift des Ausstellers oder einzelne Worte oder Zahlen geschrieben sind. Verordnung vom 21. April 1894.

§ 5. Wer vorsätzlich im Inland oder Ausland geltendes Metallgeld durch Beschneiden, Abfeilen oder auf andere Weise verringert oder solches Geld, von dessen verringertem Wert er weiß, beschafft oder ins Land einführt, in der Absicht, es als vollwertig auszugeben und in Umlauf zu bringen, oder in einer anderen betrügerischen Absicht, wird mit Zuchthaus bis zu drei Jahren oder bei besonders mildernden Umständen mit Gefängnis bis zu einem Jahr bestraft. Bringt er dies Geld in Umlauf, so ist auf Zuchthaus bis zu vier Jahren oder, wenn besonders mildernde Umstände vorliegen, auf Gefängnis bis zu zwei Jahren zu erkennen.

Wer verringertes Metallgeld annimmt, um es als vollwertig auszugeben und in Umlauf zu bringen, wird mit Zuchthaus bis zu zwei Jahren oder bei besonders mildernden Umständen mit Gefängnis bis zu sechs Monaten bestraft.

Wenn ein anderer als der, der Metallgeld verringert oder verringertes Geld beschafft oder ins Land eingeführt oder an einem solchen Verbrechen teilgenommen hat, dies Geld als vollwertig ausgibt und in Umlauf bringt, obwohl ihm dessen Wertminderung bekannt ist, wird er mit Zuchthaus bis zu drei Jahren oder bei besonders mildernden Umständen mit Gefängnis bis zu einem Jahr bestraft. Hat er selbst das Geld als vollwertig empfangen und bringt es als vollwertig in Umlauf, obwohl er die Wertminderung desselben bemerkt hat, so ist auf Gefängnis bis zu sechs Monaten oder auf höchstens 50 Tagesgeldbußen oder, wenn besonders erschwerende Umstände vorliegen, auf Gefängnis bis zu einem Jahr zu erkennen.

Der Versuch einer der in diesem Paragraphen genannten Straftaten ist strafbar. Gesetz vom 27. Mai 1932.

§ 6. Wer für die Nachahmung oder Verfälschung von Metall- oder Papiergeld oder Wertpapieren oder für die Verringerung von Metallgeld, Stempel, Stanzen, Formen oder andere zu diesem Zweck besonders geeignete Gegenstände anfertigt, ins Land einführt, beschafft oder empfängt, wird mit Gefängnis bis zu zwei Jahren bestraft. Gesetz vom 27. Mai 1932.

§ 7. Nachgemachtes oder gefälschtes Metall- oder Papiergeld oder Wertpapiere oder verringertes Metallgeld sind für verfallen zu erklären.

Das gleiche gilt von in § 6 genannten Gegenständen, die zur Nachahmung oder Fälschung von Geld oder Wertpapieren oder zur Verringerung von Metallgeld gebraucht worden sind oder bestimmt waren. Gesetz vom 27. Mai 1932.

§ 8. Wenn eine strafbare Tätigkeit von der in diesem Kapitel erwähnten Art teils in Finnland, teils außerhalb desselben oder sonst in verschiedenen Ländern vorgekommen ist, kann der Schuldige für die in jedem Lande begangenen Straftaten zu einer besonderen Strafe verurteilt werden, auch wenn die betreffende strafbare Tätigkeit nach finnischem Gesetz als eine einzige Straftat anzusehen wäre. Gesetz vom 27. Mai 1932.

38. Kapitel.

Untreue und strafbarer Eigennutz.

§ 1. Vormünder, Verwalter des Eigentums von Instituten, Vereinen oder Gesellschaften, Vertrauensmänner, Konkursverwalter oder sonstige Bevollmächtigte, die bei der Ausübung der ihnen übertragenen Geschäfte vorsätzlich diejenigen schädigen, deren Angelegenheiten zu besorgen sie verpflichtet sind, werden wegen Untreue mit Geldstrafe oder mit Gefängnis bis zu einem Jahr oder bei besonders erschwerenden Umständen mit Gefängnis bis zu zwei Jahren bestraft.

§ 2. Ein Rechtsanwalt, der in einer ihm anvertrauten Rechtssache zum Schaden seines Auftraggebers dessen Gegner mit Ratschlägen, Beweisgründen oder Schriftstücken, die er aussetzt, unterstützt oder seinen Auftraggeber vorsätzlich schädigt, wird mit Geldstrafe bis zu (500 Mark) bestraft.

Liegen besonders erschwerende Umstände vor oder verleitet ein Rechtsanwalt wider besseres Wissen seinen Auftraggeber zu einem unbegründeten oder unrechtmäßigen Prozeß, so wird er mit Geldstrafe nicht unter (200 Mark) oder mit Gefängnis von einem Monat bis zu einem Jahr bestraft und für unfähig erklärt, vor Gericht oder vor anderen öffentlichen Behörden als Bevollmächtigter aufzutreten.

Ein Rechtsanwalt, der in anderen Fällen wider besseres Wissen eine unrechtmäßige Sache übernimmt und führt, wird mit Geldstrafe bis zu (300 Mark) bestraft und, wenn besonders erschwerende Umstände vorliegen, für unfähig erklärt, vor öffentlichen Behörden als Bevollmächtigter aufzutreten.

§ 3. Rechtsanwälte oder andere Bevollmächtigte, Ärzte, Wundärzte, Hebammen oder Apotheker oder die Gehilfen solcher Personen werden, wenn sie unbefugt Privat- oder Familiengeheimnisse, von denen sie in ihrer Berufstätigkeit Kenntnis erhalten, offenbaren, mit Geldstrafe oder mit Gefängnis bis zu sechs Monaten bestraft.

§ 4. Wer in der Absicht, einen anderen zu benachteiligen, eine Urkunde vernichtet, verdirbt, versteckt oder verheimlicht, die als Beweis für ein Recht, ein Rechtsverhältnis oder die Entbindung von einer Verpflichtung dienen kann und nicht dem Schuldigen allein gehört, wird mit Gefängnis bis zu zwei Jahren bestraft oder zu Geldstrafe verurteilt.

Die Strafe für Vernichtung, Beschädigung oder Verstecken einer in öffentlichem Gewahrsam befindlichen Urkunde ist im 16. Kapitel festgesetzt.

§ 5. Wer rechtswidrig bewegliches Vermögen, das ein anderer als Pfand oder Sicherheit besitzt oder zurückzubehalten oder zu benutzen berechtigt ist, wegnimmt oder versteckt, wird mit Geldstrafe oder mit Gefängnis bis zu einem Jahr bestraft, wenn die Straftat nicht in einer anderen Gesetzesstelle mit einer schwereren Strafe bedroht ist.

Gleiche Strafe trifft den, dessen Eigentum auf Grund einer Hypothek auf bewegliches Vermögen zum Pfand gegeben worden ist und der vorsätzlich im Widerspruch zum Recht des Hypothekinhabers verpfändete Sachen wegbringt oder zum Schaden des Hypothekinhabers über seine Bedürfnisse hinaus benutzt oder auf andere Weise vergeudet, sowie den, auf dessen Landgut eine Waldhypothek liegt und der vorsätzlich ohne Erlaubnis des Hypothekinhabers den Wald seines Landgutes im Widerspruch zu der Beschränkung des Waldbenutzungsrechtes oder zu den Bestimmungen des Forstwirtschaftsplanes benutzt. Gesetz vom 31. Januar 1930.

§ 6. Wer rechtswidrig fremdes bewegliches Vermögen, das er in Verwahrung hat, benutzt oder von einem anderen benutzen läßt, wird zu Geldstrafe verurteilt.

Wer sonst unbefugt fremdes bewegliches Vermögen benutzt, wird mit Geldstrafe oder mit Gefängnis bis zu sechs Monaten bestraft. Hat die unbefugte Benutzung besonderen Schaden verursacht oder eine Gefahr heraufbeschworen oder liegen sonst besonders erschwerende Umstände vor, so ist auf Gefängnis bis zu zwei Jahren zu erkennen.

Wer sich weigert, ein Pfand, ein Darlehen oder eine anvertraute Sache zurückzugeben, nachdem sein Recht, die Sache zu behalten, erloschen ist, wird zu Geldstrafe verurteilt. Gesetz vom 3. Dezember 1937.

§ 7. Wer wider besseres Wissen seine Unterschrift oder Schuldverschreibung verleugnet oder die Bezahlung einer schon zurückerstatteten Schuld fordert oder verpfändetes, vermietetes, verliehenes oder anvertrautes Gut zurückverlangt, das er bereits zurückerhalten hat, wird mit Geldstrafe oder mit Gefängnis bis zu sechs Monaten bestraft.

Wer vorsätzlich oder fahrlässig zum Schaden eines anderen einen ungedeckten Scheck ausstellt oder vor Ablauf der Frist, nach der ein von ihm ausgestellter Scheck zur Zahlung vorgelegt werden soll, ohne triftigen Grund den Scheck zurückzieht oder dessen Deckung benutzt, wird nach den Bestimmungen des ersten Absatzes bestraft, wenn seine Tat nicht nach § 1 des 36. Kapitels abzuurteilen ist. Gesetz vom 14. Juli 1932.

§ 8. Wer vorsätzlich fremde verschlossene Briefe oder Schriftstücke unbefugt öffnet oder einen Brief oder ein Schriftstück, von dem er weiß, daß sie an einen anderen als Empfänger gerichtet sind, vernichtet, versteckt oder verheimlicht, wird mit Geldstrafe bis zu (400 Mark) oder mit Gefängnis bis zu vier Monaten bestraft.

§ 9. Die oben in diesem Kapitel außer im zweiten Absatz von § 6 genannten Straftaten sind vom öffentlichen Ankläger nicht zu verfolgen, wenn der Klaginhaber keinen Antrag darauf stellt und die Straftat nicht von einem Vormund oder dem Verwalter eines öffentlichen Instituts oder in den in § 2 erwähnten Fällen von einem Rechtsanwalt begangen worden ist. Gesetz vom 3. Dezember 1937.

§ 10. Wer in Ausnutzung der Not, Unvernunft, Abhängigkeit oder des Leichtsinns eines anderen durch einen Vermögensvertrag oder im Zusammenhang mit demselben sich oder einem anderen einen materiellen Vorteil verschafft, der in offensichtlichem Mißverhältnis zu seiner Leistung steht, wird wegen Wuchers mit Gefängnis oder bei mildernden Umständen zu Geldstrafe verurteilt.

Auf gleiche Strafe ist zu erkennen, wenn ein Kreditinstitut oder jemand anders bei der Gewährung von Darlehen Zinsen oder sonstige Vergütungen nimmt oder sich oder einem anderen versprechen läßt, die beträchtlich über dem Zinsfuß liegen, den die öffentlicher Überwachung unterstehenden Kreditinstitute bei gleichartiger Darlehensgewährung im allgemeinen zu der Zeit angewandt haben, in der der Vertrag über die Zinsen abgeschlossen worden ist, oder im Bewußtsein dessen, daß eine Forderung durch Wucher entstanden ist, eine solche Forderung, die es von einem anderen übernommen hat, für sich verwendet oder einem anderen übergibt.

Wenn jemand die im ersten oder zweiten Absatz genannte Tätigkeit gewerbsmäßig oder gewohnheitsmäßig betreibt oder sonst besonders erschwerende Umstände vorliegen, wird er mit Zuchthaus bis zu drei Jahren oder mit Gefängnis nicht unter einem Jahr bestraft; dabei sind ihm auch die bürgerlichen Ehrenrechte abzuerkennen. Gesetz vom 22. Mai 1931.

§ 11. Wer in der Absicht, sich oder einem anderen einen Vorteil zu verschaffen, durch eine unwahre Angabe oder sonstigen Betrug dem Staat oder der Gemeinde Zollgebühren oder andere Steuern oder allgemeine Abgaben entzieht oder zu entziehen versucht, wird mit Geldstrafe bis zu (500 Mark) oder bei besonders erschwerenden Umständen mit Geldstrafe nicht unter (300 Mark) oder mit Gefängnis von zwei Monaten bis zu zwei Jahren bestraft. Gesetz vom 29. April 1926.

§ 12. Wer widerrechtlich Waren ins Land einführt oder einzuführen versucht oder ausführt oder auszuführen versucht, deren Einfuhr oder Ausfuhr verboten ist, wird wegen Schmuggels mit Geldstrafe nicht unter (500 Mark) oder mit Gefängnis nicht unter zwei Monaten bestraft.

Sind der Wert und die Zahl der Waren geringfügig oder liegen sonst besonders mildernde Umstände vor, so ist auf Geldstrafe zu erkennen. Gesetz vom 29. April 1926.

§ 13. Wer Waren beschafft, versteckt oder befördert, von denen er weiß oder Grund hat anzunehmen, daß sie unter Hinterziehung der Zollgebühren oder durch Schmuggel eingeführt worden sind, ohne daß er selbst an der Straftat beteiligt war, wird zu Geldstrafe verurteilt. Es ist jedoch auf keine höhere Strafe zu erkennen als für Beihilfe zur Einfuhr der betreffenden Waren unter Hinterziehung der Zollgebühren oder durch Schmuggel.

Sind die Zahl und der Wert der Waren geringfügig, so ist es dem Ermessen des Richters anheimgestellt, ob auf eine Strafe zu erkennen ist. Gesetz vom 29. April 1926.

§ 14. Wenn bei der Hinterziehung von Zollgebühren oder bei einem Versuch dazu oder beim Schmuggel oder einem Versuch dazu oder zur Beförderung von Waren, die unter Hinterziehung der Zollgebühren oder durch Schmuggel eingeführt worden sind, Fahrzeuge, Zugtiere oder Schiffe verwendet werden, deren Eigentümer an der Straftat nicht beteiligt sind, aber sie zur Verfügung gestellt hat, obwohl er Grund hatte anzunehmen, daß sie zur Begehung einer solchen Straftat benutzt werden würden, so wird der Eigentümer mit Geldstrafe bis zu (300 Mark) bestraft. Gesetz vom 29. April 1926.

§ 15. Bei der Hinterziehung von Zollgebühren oder einem Versuch dazu oder bei Schmuggel oder einem Versuch dazu sowie in den in § 13 genannten Fällen sind auch die Waren mit ihren Behältnissen und Verpackungen für verfallen zu erklären. Das gleiche gilt für Fahrzeuge, Zugtiere und Schiffe, deren hauptsächliche Ladung die betreffenden Waren gewesen sind oder die hauptsächlich zur Hinterziehung von Zollgebühren oder zum Schmuggel benutzt worden sind oder zu einer Reise gedient haben, deren Zweck die Beförderung von so ins Land eingeführten Waren gewesen ist, wenn der Eigentümer an der Straftat beteiligt oder nach § 14 zu bestrafen ist.

Wenn das ebenerwähnte Vermögen schon in andere Hände übergegangen oder vergeudet worden ist oder wenn man den Eigentümer des Fahrzeugs, Zugtieres oder Schiffes nicht nach dem ersten Absatz zum Verlust des betreffenden Eigentums verurteilen kann, so ist statt desselben sein Wert für verfallen zu erklären. Gesetz vom 29. April 1926.

§ 16. Ist eine widerrechtlich ins Land eingeführte, im Lande beförderte, beschaffte oder versteckte Ware ein alkoholhaltiger Stoff, der einer besonderen Alkoholgesetzgebung untersteht, so gelten statt der Bestimmungen in den §§ 12, 13, 14 und 15 dieses Kapitels die Sondervorschriften über die unbefugte Einfuhr, Beförderung und Lagerung solcher Stoffe. Gesetz vom 29. April 1926.

39. Kapitel.

Konkursstraftaten.

§ 1. Ein Schuldner, der in Konkurs gerät und bei dem festgestellt wird, daß er, um sich oder einem anderen einen Vermögensvorteil zu verschaffen,

1. unter angenommenem Namen, durch Kauf oder auf andere Weise Vermögen erworben und dieses bei der Angabe seines Eigentums verheimlicht oder unter dem Schein eines Verkaufs, einer Schenkung oder

eines anderen Vertrages seinen Gläubigern etwas entzogen hat, was er ihnen abliefern muß;

2. auf andere Weise etwas, was beim Beginn des Konkurses ihm gehörte, versteckt, verheimlicht, weggebracht oder vergeudet hat;

3. erdichtete Schulden oder sonstige Verpflichtungen angegeben oder anerkannt hat; oder

4. falls er Handel oder ein anderes Gewerbe treibt, in dem Bücher geführt werden müssen, diese unrichtig geführt oder vernichtet oder geändert oder versteckt oder unleserlich gemacht hat;

wird als betrügerischer Schuldner mit Zuchthaus bis zu sechs Jahren und Verlust der bürgerlichen Ehrenrechte oder bei besonders mildernden Umständen mit Gefängnis nicht unter zwei Monaten bestraft.

§ 2. Ein Schuldner, der in Konkurs gerät und bei dem festgestellt wird, daß er:

1. im Bewußtsein seiner Unfähigkeit, seine Schuld zu begleichen, durch Schenkung oder andere, in ihren Folgen damit vergleichbare Maßnahmen Vermögen von solchem Wert weggegeben hat oder Verpflichtungen von solcher Höhe eingegangen ist, daß daraus den Gläubigern erheblicher Schaden erwachsen ist oder hätte erwachsen können;

2. nachdem er selbst um die Erlaubnis nachgesucht hat, seinen Gläubigern sein Vermögen abzutreten, oder Kenntnis davon erhalten hat, daß diese beantragt haben, ihn dazu zu verpflichten, über seine Bedürfnisse hinaus etwas von seinem Eigentum verkauft oder vorsätzlich zerstört oder auf andere Weise vergeudet hat; oder

3. Widerspenstigkeit gezeigt hat, indem er sich geweigert hat, den Schuldnereid zu schwören oder seinen Gläubigern die nötigen Mitteilungen über sein Eigentum zu geben, und, nachdem er dafür dem Gesetz gemäß in (Schuld- oder sonstiger) Haft gehalten worden ist, bei seiner Widerspenstigkeit verharrt;

wird, wenn er nicht beweist, daß er seine Gläubiger voll befriedigt hat, als unredlicher Schuldner mit Gefängnis bis zu zwei Jahren bestraft.

§ 3. Ein Schuldner, der in Konkurs gerät und bei dem festgestellt wird, daß er:

1. Summen, die in keinem angemessenem Verhältnis zu seiner Stellung und seinen Mitteln stehen, für seinen Haushalt oder seine privaten Ausgaben verwendet oder im Spiel oder anderen damit vergleichbaren Unternehmungen, deren Enderfolg ausschließlich vom Zufall abhing, oder durch Wechselreiterei oder durch leichtsinnige Übernahme einer Verpflichtung verloren hat;

2. falls er Handel oder ein anderes Gewerbe treibt, in dem Bücher geführt werden müssen, die Buchführung nicht ordentlich besorgt hat;

3. nachdem seine Vermögenslage so schlecht geworden ist, daß er seine Unfähigkeit, die Verbindlichkeiten zu erfüllen, hätte begreifen müssen, durch Verkauf von Waren zu offensichtlichen Unterpreisen oder auf eine andere ähnliche Weise sich Geldeinnahmen verschafft oder, um den Eintritt des Konkurses zu verzögern, seinen Handel oder sein Gewerbe fortgesetzt und dabei Anleihen in Geld oder Waren gemacht hat;

4. während der letzten 30 Tage vor dem Eintritt des Konkurses Geld eingesammelt, Waren angenommen oder Vermögen weggegeben hat, ohne darüber befriedigend Rechenschaft zu geben, oder während der genannten Frist einen Gläubiger bevorzugt hat, in dem er ihm für eine Forderung, die nicht fällig geworden war, eine Zahlung geleistet oder ein Pfand oder eine andere Sicherheit gegeben hat; oder

5. Geld oder Ware, die ihm für einen bestimmten Zweck anvertraut waren, wider Vorschrift verbraucht hat;

wird, wenn er nicht beweist, daß er seine Gläubiger voll befriedigt hat, als fahrlässiger oder leichtsinniger Schuldner mit Gefängnis bis zu einem Jahr bestraft.

§ 4. Ein Schuldner, der wegen Schulden die Flucht ergreift und nicht innerhalb von vier Monaten zurückkehrt, wird, wenn er festgenommen wird und nicht beweisen kann, daß er seine Gläubiger voll befriedigt hat, mit Gefängnis bis zu zwei Jahren bestraft.

§ 5. Wird über das Eigentum einer Stiftung, eines Vereins oder einer Gesellschaft oder eines Gewerbetreibenden, der nicht selbst seinem Gewerbe oder Handel vorsteht, ein Konkursverfahren eröffnet, so sind die Bestimmungen über Konkursstraftaten auf den anzuwenden, dem die Verwaltung des betreffenden Vermögens anvertraut war.

§ 6. Ein Gläubiger, der für die Stimme, die er in der Gläubigerversammlung hat, sich vom Schuldner oder in dessen Namen von einem anderen einen besonderen Vorteil ausbedingt oder sonst mit dem Schuldner heimlich ein Übereinkommen über einen besonderen Vorteil für sich trifft, wird mit Geldstrafe oder mit Gefängnis bis zu einem Jahr bestraft.

Gleiche Strafe trifft einen Gläubiger, der bei der Wahl von Vertrauensmännern oder Beauftragten oder bei der Verhandlung einer Sache, die die Verwaltung oder Liquidierung der Konkursmasse betrifft, in der Gläubigerversammlung auf Grund einer solchen Forderung abstimmt, von der er weiß, daß sie unrichtig angegeben ist, wenn er sich nicht durch diese Handlung eine Straftat hat zuschulden kommen lassen, die in einer anderen Gesetzesstelle mit einer strengeren Strafe bedroht ist. Gesetz vom 31. Januar 1935.

§ 7. Die in diesem Kapitel außer in § 1 genannten Straftaten sind vom öffentlichen Ankläger nicht zu verfolgen, wenn der Klageinhaber keinen Antrag darauf stellt.

Wenn eine in § 2 oder 3 dieses Kapitels genannte Straftat in der Geschäftsführung einer Bank oder eines anderen, öffentlicher Überwachung unterstehenden Geldinstituts begangen wird, unterliegt sie der öffentlichen Strafverfolgung. Gesetz vom 17. März 1933.

40. Kapitel.

Amtsdelikte von Beamten.

§ 1. Ein Beamter, der für eine Amtshandlung Geschenke oder andere unberechtigte Vergütungen annimmt, sich versprechen läßt, oder fordert, ist seines Amtes zu entsetzen und für unfähig zur Bekleidung öffentlicher

Ämter zu erklären sowie außerdem, wenn Grund dazu besteht, mit Gefängnis oder mit Zuchthaus bis zu vier Jahren zu bestrafen. Liegen mildernde Umstände vor, so wird der Schuldige vom Dienst dispensiert oder zu Geldstrafe verurteilt.

Das Geschenk oder die Vergütung oder deren Wert ist für verfallen zu erklären. Gesetz vom 19. Juli 1946.

§ 2. Ein Richter oder anderer Beamter, der durch ein Urteil oder eine Entscheidung vorsätzlich Unrecht tut, wird vom Dienst dispensiert oder seines Amtes entsetzt und für unfähig zur Bekleidung öffentlicher Ämter erklärt. Liegen besonders erschwerende Umstände vor, so wird der Schuldige mit Gefängnis bestraft und zugleich seines Amtes entsetzt sowie für unfähig zur Bekleidung öffentlicher Ämter erklärt.

Ist jemand durch die Straftat unschuldig oder zu streng bestraft worden, so wird der Schuldige, wenn die Straftat das erfordert, mit Zuchthaus von vier bis zu zwölf Jahren oder auf Lebenszeit bestraft; zugleich ist er seines Amtes zu entsetzen und sind ihm die bürgerlichen Ehrenrechte abzuerkennen.

§ 3. Wenn ein Befehlshaber der Regierung oder ein anderer, dem die Strafverfolgung von Straftaten obliegt, jemanden, dessen Unschuld ihm bekannt ist, vor Gericht oder vor einer anderen Behörde unter Anklage stellen läßt, wird er wegen falscher Anzeige nach den Bestimmungen des 26. Kapitels bestraft und zugleich vom Dienst entfernt oder seines Amtes entsetzt und für unfähig zur Bekleidung öffentlicher Ämter erklärt.

§ 4. Ein Beamter, der vorsätzlich eine Strafe vollstreckt oder vollstrecken läßt, von der er weiß, daß sie nicht vollzogen werden darf, oder eine schwerere Strafe vollstreckt oder vollstrecken läßt als die im Urteil bestimmte, wird seines Amtes entsetzt und für unfähig zur Bekleidung öffentlicher Ämter erklärt sowie außerdem mit Zuchthaus von einem bis zu sechs Jahren bestraft.

War die vollzogene Strafe eine Geldstrafe oder liegen sonst besonders mildernde Umstände vor, so wird der Schuldige vom Dienst dispensiert oder mit Gefängnis bis zu zwei Jahren bestraft.

§ 6. Wenn ein Beamter, der Gefangene zu beaufsichtigen hat oder zu ihrer Bewachung oder Begleitung verpflichtet ist, vorsätzlich dieselben freiläßt oder vorsätzlich den Ausbruch von Gefangenen fördert, wird er seines Amtes entsetzt und für unfähig zur Bekleidung öffentlicher Ämter erklärt sowie außerdem mit Zuchthaus bis zu fünf Jahren bestraft. Liegen besonders mildernde Umstände vor, so ist auf Entsetzung vom Dienst und auf Gefängnis nicht unter drei Monaten zu erkennen.

Der Versuch ist strafbar.

Wenn ein solcher Beamter fahrlässig den Ausbruch von Gefangenen verschuldet, wird er mit Entfernung von Ausübung des Dienstes oder mit Geldstrafe oder mit Gefängnis bis zu einem Jahr und Amtsentsetzung bestraft.

§ 6. Ein Beamter, der in der Absicht, sich oder einem anderen einen Vorteil zu verschaffen oder einen anderen zu schädigen, wider besseres Wissen:

1. in einem Gerichtsbuch, Protokoll, staatlichen Rechnungsbuch, Kirchenbuch, Einwohnerregister, Grundbuch oder einer anderen Urkunde, deren Führung oder Ausfertigung ihm obliegt, wahrheitswidrig etwas verzeichnet oder bescheinigt, was die Rechte oder Rechtsverhältnisse eines anderen beeinflussen kann;

2. Grenz- oder Marksteine oder Merkmale für die Wasserhöhe oder andere ähnliche Zeichen unrichtig anbringt; oder

3. ein ihm übertragenes Recht zum Stempeln oder zur Warenkennzeichnung mißbraucht;

wird mit Amtsentsetzung und Verlust der bürgerlichen Ehrenrechte sowie außerdem mit Zuchthaus von zwei bis zu acht Jahren bestraft.

Gleiche Strafe trifft einen Beamten, der in der obengenannten Absicht eine ihm von Amts wegen zugängliche oder anvertraute Urkunde fälscht oder vorsätzlich vernichtet, beschädigt, versteckt oder verheimlicht.

Wird eine solche Straftat ohne die genannte Absicht begangen, so ist auf Gefängnis nicht unter vier Monaten und bei besonders erschwerenden Umständen außerdem auf Amtsentsetzung zu erkennen.

§ 6 a. Ein Beamter, der durch Nachlässigkeit, Versäumnis oder Unvorsichtigkeit das Bekanntwerden einer Tatsache verschuldet, die er im Amt erfahren hat und die wegen der äußeren Sicherheit Finnlands oder zum Schutz der Rechte oder der wirtschaftlichen oder sonstigen Interessen Finnlands geheimzuhalten ist, wird mit Gefängnis bestraft oder zu Geldstrafe verurteilt. Gesetz vom 18. Oktober 1939.

§ 7. Ein Beamter, der Geld oder etwas anderes, was er von Amts wegen empfangen oder in Verwahrung hat, unterschlägt, wird mit Gefängnis bis zu zwei Jahren bestraft und ist zugleich seines Amtes zu entsetzen oder von der Ausübung desselben zu entfernen. Wird die Straftat in Anbetracht des Wertes des unterschlagenen Gutes und der übrigen dabei auftretenden Tatsachen unter besonders erschwerenden Umständen begangen, so ist der Schuldige seines Amtes zu entsetzen und für unfähig zur Bekleidung öffentlicher Ämter zu erklären sowie mit Zuchthaus bis zu vier Jahren zu bestrafen. Gesetz vom 14. Oktober 1949.

Ist er imstande, das Unterschlagene sofort zu ersetzen oder dafür eine Sicherheit zu geben, so ist auf Amtsentsetzung oder Entfernung von der Ausübung des Dienstes zu erkennen.

Hat er, um die Unterschlagung zu verheimlichen, Rechnungen oder Bücher falsch geführt oder gefälscht oder Rechnungen, Bücher oder andere ähnliche Urkunden beiseite geschafft oder verheimlicht oder wissentlich unrichtige Auszüge aus Rechnungen oder Büchern oder wissentlich unrichtige Belege zu Rechnungen oder Büchern vorgelegt; so wird er, auch wenn er das Unterschlagene ersetzt oder eine Sicherheit dafür gibt, mit Amtsentsetzung und Zuchthaus von zwei bis zu zehn Jahren bestraft; zugleich ist er für unfähig zur Bekleidung öffentlicher Ämter oder, wenn das Verbrechen es erfordert, der bürgerlichen Ehrenrechte für verlustig zu erklären.

§ 8. Ein Beamter, der jemandem vorsätzlich andere oder höhere Steuern, Zollgebühren oder sonstige öffentliche Abgaben auferlegt, als dieser nach dem Gesetz zu zahlen verpflichtet ist, oder von ihm solche Abgaben erhebt oder Abgaben, die seines Wissens bereits geleistet sind, vorsätzlich auferlegt oder erhebt, ist seines Amtes zu entsetzen oder von der Ausübung des Dienstes zu entfernen.

Begeht er die Straftat aus Eigennutz, so ist er seines Amtes zu entsetzen und für unfähig zur Bekleidung öffentlicher Ämter zu erklären sowie außerdem mit Gefängnis nicht unter sechs Monaten oder mit Zuchthaus bis zu vier Jahren zu bestrafen.

§ 9. Ein Beamter, der bei der Auferlegung oder Erhebung von Steuern, Zollgebühren oder sonstigen öffentlichen Abgaben vorsätzlich bei jemandem rechtwidrige Abzüge macht, ist seines Amtes zu entsetzen oder von der Ausübung des Dienstes zu entfernen oder zu Geldstrafe zu verurteilen.

Begeht er die Straftat aus Eigennutz, so ist auf Amtsentsetzung sowie auf Gefängnis oder auf Zuchthaus bis zu drei Jahren zu erkennen.

§ 10. Ein Beamter, der aus Eigennutz selbst oder durch einen anderen eine in Finnland ansässige Körperschaft zur Sammlung von Mitteln, zu Zahlungen, Ausgaben oder Arbeiten auffordert oder verleitet, ist seines Amtes zu entsetzen oder von der Ausübung des Dienstes zu entfernen oder zu Geldstrafe zu verurteilen.

Wenn er Vorteile von einer der obengenannten Arten als etwas aus freien Stücken Angebotenes annimmt, wird er zu Geldstrafe verurteilt und hat das Geschenk zurückzugeben.

§ 11. Ein Beamter, der von einer fremden Macht Geschenke oder Belehnungen annimmt und nicht vorher oder gleich nachher dazu um die Genehmigung des Präsidenten der Republik nachsucht, ist zu Geldstrafe zu verurteilen oder von der Ausübung des Dienstes zu entfernen oder bei besonders erschwerenden Umständen seines Amtes zu entsetzen.

§ 12. Wenn jemand, dem es dem Gesetz gemäß obliegt, Eheschließungen vorzunehmen, eine Eheschließung vor dem gesetzlichen Aufgebot vornimmt oder solche, die nicht miteinander die Ehe schließen dürfen, ehelich verbindet, wird er zu Gefängnis oder Geldstrafe verurteilt. Gleiche Strafe trifft den, der ein Ehefähigkeitszeugnis ausstellt, obwohl er weiß, daß keine Ehe geschlossen werden darf.

Ist der Schuldige Geistlicher in einer evangelisch-lutherischen Gemeinde, so sind die Bestimmungen des Kirchengesetzes anzuwenden. Gesetz vom 13. Juni 1929.

§ 13 ist durch das Gesetz vom 13. Juni 1929 aufgehoben worden.

§ 14. Ein Postbeamter, der unbefugt Briefe oder andere der Post anvertraute Gegenstände öffnet, vernichtet, versteckt oder verheimlicht oder einem anderen bei einer solchen Straftat behilflich ist oder ihm vorsätzlich erlaubt, diese zu begehen, wird mit Gefängnis bis zu zwei Jahren oder mit Geldstrafe und, wenn die Straftat es erfordert, zugleich mit Amtsentsetzung bestraft.

§ 15. Ein Telegrafenbeamter, der Telegramme oder Schreiben, die dem Telegrafenamt zur Beförderung anvertraut sind, unbefugt öffnet oder den Inhalt derselben einem anderen zur Kenntnis bringt oder einem anderen bei einer solchen Straftat behilflich ist oder ihm vorsätzlich erlaubt, diese zu begehen, wird mit Gefängnis bis zu zwei Jahren oder mit Geldstrafe und, wenn die Straftat es erfordert, zugleich mit Amtsentsetzung bestraft.

§ 16. Wenn Beamte, die bei der Eisenbahn, bei Kanälen, Schleusen, bei der öffentlichen Telegrafenanstalt oder bei Leuchttürmen angestellt sind oder die Aufsicht über solche Einrichtungen oder Seezeichen haben, vorsätzlich oder fahrlässig eine der Straftaten begehen, die in §§ 9, 10, 11, 12 oder 14 des 34. Kapitels genannt sind, entweder durch Begehung einer der in diesen Paragraphen erwähnten Straftaten oder durch Vernachlässigung ihrer Dienstpflichten, sind sie je nach der Sachlage gemäß den Bestimmungen der genannten Paragraphen zu bestrafen und, falls auf Zuchthaus oder Gefängnis erkannt wird, zugleich ihres Amtes zu entsetzen und für unfähig zu weiterem Dienst an dem bisherigen Dienstort oder in einer anderen ähnlichen Einrichtung zu erklären.

§ 17. Vorsteher von Eisenbahnen, Kanälen, Schleusen, öffentlichen Telegrafenanstalten, Lotsenstationen oder Leuchttürme, die, nachdem sie von einem endgültigen Urteil Kenntnis erhalten haben, durch das jemand nach § 16 seines Amtes entsetzt ist, ihn nicht sofort aus dem Dienst entlassen, werden mit Geldstrafe bis zu (500 Mark) oder mit Gefängnis bis zu drei Monaten bestraft.

Gleiche Strafe trifft den, der Kenntnis von einem Urteil hat, durch das jemand nach § 16 für unfähig zum Dienst in irgendeiner Einrichtung erklärt wird, und trotzdem den Verurteilten bei einer solchen Einrichtung einstellt.

§ 18. Ein Vorgesetzter, der einen ihm unterstellten Beamten vorsätzlich zu einem Amtsdelikt verleitet, wird, wenn es zur Begehung der Straftat kommt, als Anstifter bestraft.

Weiß er, daß einer seiner Untergebenen ein Amtsdelikt beabsichtigt, und versucht trotzdem nicht, die Ausführung desselben zu verhindern, so wird er zu Geldstrafe verurteilt oder von der Ausübung des Dienstes entfernt oder, wenn besonders erschwerende Umstände vorliegen, seines Amtes entsetzt.

§ 19. Ein Vorgesetzter, der von einem ihm unterstellten Beamten Geldbeträge leiht, die diesem seines Wissens von Amts wegen anvertraut sind, wird seines Amtes entsetzt oder von der Ausübung des Dienstes entfernt.

Ein Vorgesetzter, der von einem ihm unterstellten Steuereinnehmer oder Rechnungsführer solche Geldbeträge leiht, die dieser nicht von Amts wegen innehat, wird zu Geldstrafe verurteilt.

§ 19 a. Ein Beamter, der unbefugt einen Umstand bekanntgibt, den er im Dienst erfahren hat und der nach dem Gesetz oder nach besonderen Vorschriften ausdrücklich oder nach der Sachlage offensichtlich geheimzuhalten ist, wird mit Geldstrafe oder mit Entfernung von der Ausübung des Dienstes bestraft; hat er die Straftat begangen, um sich oder einem anderen einen Vorteil zu verschaffen, oder liegen sonst besonders erschwerende Umstände vor, so ist auf wenigtens 50 Tagesgeldbußen oder auf Gefängnis bis zu zwei Jahren und, wenn die Straftat es erfordert, zugleich auf Amtsentsetzung zu erkennen. Ist die Straftat jedoch an einer anderen Gesetzesstelle mit einer besonderen Strafe bedroht, so ist auf diese Strafe zu erkennen.

Wer nach Beendigung des Dienstverhältnisses unbefugt einen Umstand von der im ersten Absatz genannten Art bekanntgibt, wird, wenn keine andere Gesetzesstelle eine besondere Strafe dafür vorschreibt, mit Geldstrafe oder, falls er die Tat begangen hat, um sich oder einem anderen einen Vorteil zu verschaffen, oder falls sonst besonders erschwerende Umstände vorliegen, mit wenigstens 50 Tagesgeldbußen oder mit Gefängnis bis zu zwei Jahren bestraft. Eine Strafe, die nach diesem Absatz verhängt wird, darf jedoch nicht strenger sein, als die Strafe für die betreffende Straftat, wenn diese während des Dienstverhältnisses begangen worden wäre, hätte ausfallen können.

Die Strafverfolgung der im zweiten Absatz genannten Straftat ist vom öffentlichen Ankläger nicht ohne Anzeige seitens des Klaginhabers einzuleiten, wenn die Straftat nicht im Dienst begangen worden ist und somit öffentlicher Strafverfolgung unterliegt. Gesetz vom 28. Dezember 1940.

§ 20. Ein Beamter, der in der Absicht, sich oder einem anderen einen Vorteil zu verschaffen oder einen anderen zu schädigen, vorsätzlich ein anderes Amtsdelikt begeht als die in diesem Gesetz genannten, ist seines Amtes zu entsetzen und bei besonders erschwerenden Umständen außerdem für unfähig zur Bekleidung öffentlicher Ämter zu erklären.

Wird die Straftat ohne die obengenannte Absicht begangen, so ist auf Geldstrafe oder auf Ertfernung vom Dienst oder, wenn besonders erschwerende Umstände vorliegen, auf Amtsentsetzung zu erkennen.

§ 21. Ein Beamter, der aus Fahrlässigkeit, Versäumnis oder Unvorsichtigkeit eine strafbare Handlung im Amte begeht, für die keine besondere Strafe angedroht ist, wird, wenn die Handlung nicht so geringfügig ist, daß eine bloße Verwarnung genügt, mit Geldstrafe oder mit Entfernung vom Dienst oder bei besonders erschwerenden Umständen mit Amtsentsetzung bestraft.

Gleiche Strafe trifft einen Beamten, der aus Unerfahrenheit oder Ungeschicklichkeit eine strafbare Handlung im Amte begeht.

Ein Beamter, der ohne Erlaubnis oder ohne angegebenen Grund mehr als zwei Monate seinem Dienst fernbleibt, ist seines Amtes zu entsetzen.

§ 22. Wenn ein Beamter im Amt eine andere Straftat gegen das allgemeine Gesetz begeht als die in diesem Kapitel genannten und wenn diese Straftat kein Amtsdelikt ist, so ist der Umstand, daß sie im Amt begangen worden ist, als erschwerend in Betracht zu ziehen.

41. Kapitel.

Verstöße gegen kirchliche Vorschriften.

§ 1. Ein Mitglied einer evangelisch-lutherischen Gemeinde, das ohne Erlaubnis des Pfarrers zur Zeit des allgemeinen Gemeindegottesdienstes eine Privatandacht hält oder veranstaltet, die nicht als Hausandacht betrachtet werden kann, wird, wenn es vorher gemäß den Bestimmungen des Kirchengesetzes eine Verwarnung erhalten hat, mit Geldstrafe bis zu (100 Mark) bestraft.

§ 2. Ein Mitglied einer evangelisch-lutherischen Gemeinde, das entgegen dem Verbot des Kirchenrates bei einer Privatandacht, die nicht als Hausandacht betrachtet werden kann, Lehrvorträge hält, wird mit Geldstrafe bis zu (500 Mark) bestraft.

§ 3. Wenn ein Mitglied einer evangelisch-lutherischen Gemeinde, das einer Irrlehre anhängt, andere für diese zu werben versucht und auf diese Weise Unruhe und Ärgernis in der Gemeinde hervorruft, wird es mit Geldstrafe bis zu (500 Mark) bestraft.

§ 4. Ein Mitglied einer evangelisch-lutherischen Gemeinde, das einer kirchlichen Leseprüfung fernbleibt, der beizuwohnen es verpflichtet ist, oder sein Kind oder jemand anders, der unter seiner Botmäßigkeit steht, am Besuch der kirchlichen Leseprüfung oder des Konfirmandenunterrichtes hindert, wird, wenn es sich auf die im Kirchengesetz vorgesehene Verwarnung hin nicht bessert, mit Geldstrafe bis zu (50 Mark) bestraft.

§ 5. Eine Strafverfolgung der oben in diesem Kapitel genannten Straftaten ist vom öffentlichen Ankläger nicht einzuleiten, wenn die Sache nicht in der vom Kirchengesetz vorgeschriebenen Ordnung dem Gericht übergeben worden ist.

§ 6. Wer zur Sabbatszeit eine Handarbeit oder sonstige Arbeit verrichtet, die Aufschub duldet und nicht zur Befriedigung eigener oder fremder Notdurft dient, wird mit Geldstrafe bis zu (50 Mark) bestraft.

Die Sabbatszeit dauert an Sonntagen oder kirchlichen Feiertagen, die nach dem Gesetz als allgemeine Feiertage gelten, von sechs Uhr morgens bis sechs Uhr abends.

§ 7. Wer zur Sabbatzeit einen Kramladen oder eine andere ähnliche Verkaufsbude offen hält oder zur Sabbatszeit nach neun Uhr morgens Markthandel treibt, wird mit Geldstrafe bis zu (100 Mark) bestraft.

§ 8. Wenn jemand zur Sabbatszeit eine Straftat begeht, ist der Umstand, daß sie zu dieser Zeit begangen worden ist, als erschwerend in Betracht zu ziehen, wenn die Straftat nicht solcher Art ist, daß sie nur zur Sabbatszeit begangen werden kann.

42. Kapitel.

Verstöße gegen die Vorschriften über die Sicherheit des Staates oder über die öffentliche Ordnung.

§ 1. Wer entgegen einem Verbot der zuständigen Behörde, das entweder mündlich ausgesprochen oder durch eine ausgestellte Bekanntmachung mitgeteilt oder auf sonstige Weise ihm bekanntgeworden ist, oder betrügerisch sich oder einem anderen Zugang zu einer Festung, einem Kriegshafen, Kriegsschiff, Amtszimmer der Wehrmacht oder einem Kasernen-, Lager-, Übungs- oder Vorratsplatz oder einer für die Landesverteidigung arbeitenden Fabrik oder anderen Einrichtung verschafft oder das versucht, wird, wenn die Straftat nicht in einer anderen Gesetzesstelle mit einer strengeren Strafe bedroht ist, mit Geldstrafe oder mit Gefängnis bis zu zwei Jahren bestraft. Gesetz vom 18. Oktober 1939.

§ 2. Wer gegen die Vorschriften über die Überschreitung der Grenzen Finnlands verstößt oder das versucht oder für den Grenzübertritt bestimmte Werkzeuge beschafft und sich dadurch eine Vorbereitung zur Übertretung der ebengenannten Vorschriften zuschulden kommen läßt, wird mit Geldstrafe oder Gefängnis bestraft.

Das Gleiche gilt für Beihilfe zu der ebengenannten Straftat.

Ein Ausländer, der sich eine der in diesem Paragraphen genannten Straftaten zuschulden kommen läßt und deshalb ausgewiesen wird, ist dafür nicht unter Anklage zu stellen, wenn nicht die Behörde, die seine Ausweisung anordnet, zugleich die Strafverfolgung verfügt. Gesetz vom 4. Juli 1944.

§ 3. Wer in einem Abschlußzeugnis oder in einem privaten Zeugnis über den Leumund oder die Armut oder die Eigenhändigkeit einer Unterschrift oder etwas anderes eine unrichtige Angabe macht, wird, wenn er weiß, daß sie einem anderen schaden kann, mit Geldstrafe bis zu (100 Mark) bestraft.

§ 4 ist durch das Gesetz vom 4. Februar 1938 aufgehoben worden.

§ 5. Wer in der Absicht, eine Privatperson irrezuführen, den Paß, den Arbeitsausweis oder einen sonstigen ähnlichen Ausweis eines anderen benutzt, wird mit höchstens 30 Tagesgeldbußen bestraft. Gesetz vom 4. Februar 1928.

§ 5 a. Wer öffentlich oder in Gesellschaft anderer eine Uniform trägt, die seinem Dienstgrad oder seiner Stellung nicht entspricht, oder unberechtigt einen Orden oder ein anderes Ehrenzeichen trägt, wird mit Geldstrafe bis zu (100 Mark) bestraft. Wird die Straftat zwecks Irreführung eines anderen oder einer Behörde begangen oder trägt eine Zivilperson ohne ordnungsgemäße Erlaubnis Militäruniform, so ist auf Geldstrafe oder auf Gefängnis bis zu drei Monaten zu erkennen. Gesetz vom 16. April 1919.

§ 6 ist durch das Zollgesetz vom 8. September 1939 aufgehoben worden.

§ 7. Wer auf öffentlichen Wegen, Straßen, Wasserstraßen oder an anderen öffentlichen Orten oder bei öffentlichen Verrichtungen oder Versammlungen durch Lärm oder Fluchen die Ruhe stört oder anderen Unfug treibt oder durch Alarmierung mit Feuers- oder anderer Gefahr Unruhe hervorruft, obwohl er weiß, daß keine solche Gefahr vorhanden ist, wird mit Geldstrafe bis zu (300 Mark) oder mit Gefängnis bis zu drei Monaten bestraft.

§ 8. Wer sich gewerbsmäßig mit Wahrsagen, Zauberei oder ähnlichem Aberglauben befaßt, wird mit Geldstrafe bis zu (200 Mark) bestraft.

43. Kapitel.

Verstöße gegen die Vorschriften über die guten Sitten.

§ 1. Wer ohne ordnungsgemäße Genehmigung eine Lotterie veranstaltet, bei der es Geldgewinne oder daneben Sachgewinne gibt, oder Lose derselben verkauft oder feilhält, wird zu Geldstrafe verurteilt. Liegen besonders erschwerende Umstände vor, so ist auf Gefängnis bis zu sechs Monaten zu erkennen.

Die obigen Bestimmungen über Lotterie gelten auch für andere Unternehmungen, durch die einem oder mehreren Teilnehmern in Geld oder Geldeswert ausgesetzte und durch das Los oder eine andere damit vergleichbare Anordnung ausfallende Gewinne geboten werden, die größer sind als die allen Teilnehmern gebotenen. Gesetz vom 29. April 1926.

§ 2. Wer ohne ordnungsgemäße Genehmigung eine öffentliche Warenlotterie veranstaltet oder Lose derselben verkauft oder feilhält, wird mit Geldstrafe bis zu (200 Mark) bestraft.

§ 3. Wer Lose für eine im Ausland veranstaltete Lotterie verkauft oder feilhält, wird mit Geldstrafe von (400) bis zu (4000 Mark) bestraft.

§ 4. Wer ein Haus zur Veranstaltung von Glücksspielen unterhält oder in Gaststätten oder anderen öffentlichen Orten solche Spiele veranstaltet, wird mit Geldstrafe oder mit Gefängnis bis zu einem Jahr bestraft.

Der Besitzer oder Vorsteher einer Gaststätte oder eines ähnlichen öffentlichen Ortes, der dort Glücksspiele gestattet, wird mit höchstens 50 Tagesgeldbußen bestraft und verliert außerdem, wenn die Straftat es erfordert, das Recht zur Ausübung des Gaststättengewerbes oder eines anderen ähnlichen Gewerbes oder zum Vorstehen eines solchen Betriebes.

Wer an einem im ersten Absatz genannten Ort oder woanders an einem Glückspiel teilnimmt, wird mit höchstens 20 Tagesgeldbußen bestraft.

Geld und andere Sachen, die auf dem Spieltisch oder in der Spielbank angetroffen werden, sind für verfallen zu erklären. Gesetz vom 17. November 1939.

§ 5. Wer gegen Tiere Grausamkeit zeigt, wird, einerlei ob er die Straftat vorsätzlich oder aus grober Fahrlässigkeit begeht, mit Geldstrafe bis zu (500 Mark) oder mit Gefängnis bis zu sechs Monaten bestraft.

Wird die Straftat in der Absicht begangen, einen anderen zu schädigen, oder liegen sonst besonders erschwerende Umstände vor, so ist auf Geldstrafe nicht unter (50 Mark) oder auf Gefängnis bis zu zwei Jahren zu erkennen. Verordnung vom 29. April 1914.

§ 6. Wer auf öffentlichen Wegen, Straßen oder an anderen öffentlichen Orten oder bei öffentlichen Verrichtungen oder Versammlungen offensichtlich betrunken auftritt und dadurch Unruhe verursacht oder Ärgernis gibt, wird mit wenigstens 10 und höchstens 100 Tagesgeldbußen bestraft.

Ein Beamter, der sich eine der im ersten Absatz genannten Straftaten zuschulden kommen läßt, wird mit wenigstens 20 und höchstens 300 Tagesgeldbußen bestraft.

Wird ein Beamter im Dienst betrunken angetroffen oder liegen sonst besonders erschwerende Umstände vor, so ist er von der Ausübung des Dienstes zu entfernen oder seines Amtes zu entsetzen.

Wenn ein Beamter, dem es obliegt, die Befolgung der Gesetze, Verordnungen und Vorschriften über Herstellung, Einfuhr, Verkauf, Transport und Lagerung alkoholhaltiger Stoffe zu überwachen, sich eine der im ersten oder dritten Absatz genannten Straftaten zuschulden kommen läßt, wird er mit Amtsentsetzung bestraft.

Hat jemand, der zu Entfernung vom Dienst oder zu Amtsentsetzung verurteilt wird, mehrere Ämter oder Stellungen, so ist im Urteil festzusetzen, auf welches Amt oder auf welche Stellung es sich bezieht.

In einem Urteil, in dem ein Beamter zu Entfernung vom Dienst oder zu Amtsentsetzung verurteilt wird, ist auch zu bestimmen, daß er seinen Dienst nicht ausüben darf, bis das Urteil rechtskräftig wird.

Die Strafe für Geistliche der evangelisch-lutherischen Kirche, die betrunken angetroffen werden, ist im Kirchengesetz festgesetzt. Gesetz vom 8. Mai 1931.

§ 7. Wer jemanden, der das 18. Lebensjahr nicht vollendet hat, dazu verleitet, berauschende Getränke zu sich zu nehmen, so daß dieser davon betrunken wird, ist zu Geldstrafe bis zu (200 Mark) zu verurteilen.

§ 8. Wenn der Inhaber oder Vorsteher einer Schankwirtschaft jemanden ohne die nötige Pflege läßt, der in dieser Wirtschaft so betrunken angetroffen wird, daß er der Pflege bedarf, so wird der Schuldige mit höchstens 20 Tagesgeldbußen bestraft und verliert außerdem, wenn die Straftat es erfordert, das Recht zur Ausübung des Schankgewerbes oder zum Vorstehen einer Schankwirtschaft. Gesetz vom 17. November 1939.

44. Kapitel.

Verstöße gegen die Vorschriften zum Schutz von Leben, Gesundheit oder Eigentum.

§ 1. Wer geladene Schußwaffen oder Sprengstoffe, Gift oder andere lebensgefährliche Stoffe an solchen Orten läßt, wo Kinder oder andere Menschen aus Unverstand damit Schaden anrichten können, oder sonst solche Waffen oder Stoffe unvorsichtig behandelt, wird zu Geldstrafe verurteilt. Gesetz vom 16. April 1919.

§ 2. Wer weiß, daß ein anderer sich in tatsächlicher Lebensgefahr befindet, und es trotzdem unterläßt, ihm solche Hilfe zu bringen oder zu verschaffen, die ohne Gefahr für ihn oder einen Dritten möglich ist, wird mit Geldstrafe bis zu (300 Mark) bestraft.

§ 3. Wer einen anderen beerdigt, bevor er über dessen Tod Gewißheit besitzt, wird mit Geldstrafe bis zu (300 Mark) bestraft.

Gleiche Strafe trifft den, der eine Leiche beerdigt, bevor eine ordnungsmäßige Anzeige des Todesfalles erfolgt ist, sowie den, dem die Beerdigung obliegt, wenn er eine Leiche vernichtet oder versteckt. Verordnung vom 6. Juni 1914.

§ 4. Wer ohne gesetzliche Erlaubnis Gift oder ähnliche lebensgefährliche Stoffe herstellt, feilhält oder auf andere Weise anderen überläßt, wird mit Geldstrafe bis zu (500 Mark) oder mit Gefängnis bis zu drei Monaten bestraft.

Wer ohne gesetzliche Erlaubnis Pulver oder andere Sprengstoffe herstellt, lagert oder feilhält, wird mit Geldstrafe oder mit Gefängnis bis zu einem Jahr bestraft.

Die unbefugt hergestellten oder feilgehaltenen oder gelagerten Stoffe sind für verfallen zu erklären. Gesetz vom 16. April 1919.

§ 5. Wer Eßwaren oder Getränke feilhält oder verkauft, von denen er weiß, daß sie verdorben oder sonst gesundheitsschädlich sind, wird mit Geldstrafe bis zu (500 Mark) bestraft.

Die zum Verkauf angebotenen Waren sind für verfallen zu erklären.

§ 6. Wer Vorschriften übertritt, die zur Verhütung oder Hemmung von Epidemien unter Menschen erlassen worden sind, wird mit Geldstrafe bis zu (500 Mark) bestraft.

Wer Vorschriften übertritt, die zur Verhütung oder Hemmung von Seuchen unter Haustieren erlassen worden sind, wird mit Geldstrafe bis zu (200 Mark) bestraft.

§ 7. Wenn jemand, der Haustiere oder wilde Tiere besitzt oder unter Aufsicht hat, von denen er weiß, daß sie für Menschen gefährlich sind, diese nicht eingeschlossen oder sicher angebunden hält, wird er mit Geldstrafe bis zu (200 Mark) bestraft und das Tier ist, wenn die Umstände es erfordern, zu töten.

§ 8. Wer ohne zwingende Not Hunde auf Menschen oder auf Zugvieh oder andere Haustiere hetzt, wird mit Geldstrafe bis zu (100 Mark) bestraft.

Gleiche Strafe trifft Besitzer oder Hüter von Hunden, die diese nicht von Angriffen auf Menschen oder Haustiere abhalten oder abzuhalten versuchen.

§ 9. Wer Vorschriften übertritt, die zur Verhütung von Schiffszusammenstößen erlassen worden sind, wird mit Geldstrafe bis zu (500 Mark) oder mit Gefängnis bis zu drei Monaten bestraft.

§ 10. Wenn jemand, der Bauarbeiten an Gebäuden, Brunnen, Brücken oder Wegen oder ähnliche Arbeiten leitet oder ausführt, nicht die notwendigen Vorsichtsmaßregeln ergreift, um Gefahr für Menschen zu verhüten, oder so baut, daß dadurch eine solche Gefahr entsteht, wird er mit Geldstrafe oder mit Gefängnis bis zu vier Monaten bestraft.

§ 11. Wer an oder neben solchen Orten, wo gewöhnlich Menschen verkehren, Keller, Brunnen, Gruben, Eislöcher oder andere ähnliche Öffnungen oder Abhänge unbedeckt, uneingezäunt oder ohne Aufsicht oder erforderliche Warnungszeichen läßt, so daß dadurch Gefahr für andere entsteht, wird mit Geldstrafe bis zu (100 Mark) bestraft.

§ 12. Wenn sich an Brücken oder Wasserröhren auf öffentlichen Wegen oder Straßen oder an Geländern von Wegen solche Fehler zeigen, die für die Wegbenutzer eine Gefahr bedeuten, und diese Fehler nicht gleich ausgebessert oder wenn solche Fehler an öffentlichen Fähren oder Floßbrücken nicht gleich behoben werden oder wenn Winterwege nicht an Eislöchern oder Eisspalten vorbeigeführt oder Brücken über diese gelegt werden, so wird der, dem die Instandhaltung des Weges obliegt, mit Geldstrafe bis zu (100 Mark) bestraft.

Wird eine öffentliche Fähre oder Floßbrücke dem Verkehr entzogen, so wird der, der zu ihrer Aufrechterhaltung verpflichtet ist, mit Geldstrafe bis zu (500 Mark) bestraft.

§ 13. Wer auf öffentlichen Wegen, Straßen oder Plätzen etwas hinwirft, ausgießt, aufhängt oder aufstellt, wodurch ein anderer oder fremde Gebäude oder Zäune beschädigt oder beschmutzt werden können, wird mit Geldstrafe bis zu (100 Mark) bestraft.

§ 14. Wer unbefugt auf öffentlichen Wegen, Straßen oder Plätzen etwas hinlegt, was den Verkehr behindert, oder ein Hindernis, zu dessen Beseitigung er verpflichtet ist, nicht entfernt, wird mit Geldstrafe bis zu (100 Mark) bestraft.

Gleiche Strafe trifft den, der aus Bosheit oder Übermut andere an der Benutzung öffentlicher Wege, Straßen oder Plätze behindert.

§ 15. Wer fremde Pforten oder Einfriedigungen öffnet und sie nicht wieder schließt, wird, wenn der Klaginhaber die Strafverfolgung einleitet oder einleiten läßt, mit Geldstrafe bis zu (20 Mark) bestraft.

§ 16. Wer in Städten, Marktflecken oder Dörfern in tollkühner Weise fährt oder auf Straßen, Plätzen oder öffentlichen Wegen reitet oder dort Pferde einfährt, wird mit Geldstrafe bis zu (50 Mark) bestraft.

§ 17. Wer in Städten, Marktflecken oder Dörfern auf Straßen, Plätzen oder Wegen Pferde oder andere Tiere, die Menschen gefährden können, ohne Aufsicht läßt, wird mit Geldstrafe bis zu (50 Mark) bestraft.

§ 18. Ein Schmied oder Schlosser, der ohne Erlaubnis der dazu berechtigten Person ein Schloß öffnet oder einen Schlüssel dazu anfertigt oder Dietriche oder Nachschlüssel solchen Personen anvertraut, denen zu mißtrauen er Grund hat, wird mit Geldstrafe bis zu (200 Mark) bestraft.

Verwahrt er Dietriche oder Nachschlüssel so nachlässig, daß sie anderen zugänglich sind, so wird er mit Geldstrafe bis zu (100 Mark) bestraft.

§ 19. Ein Landstreicher, bei dem Dietriche oder Nachschlüssel gefunden werden, wird mit Geldstrafe bis zu (200 Mark) bestraft.

Gleiche Strafe trifft einen (Dienstboten), der ohne Erlaubnis des Hausherrn einen Dietrich, Nachschlüssel, Reserveschlüssel oder Hauptschlüssel zu einem Schloß besitzt, zu dem ausschließlich der Hausherr Zugang hat.

§ 20. Wer in Städten, Marktflecken, Dörfern oder Häusern mit Feuer oder leichtentzündlichen Stoffen unvorsichtig umgeht, indem er etwa eine brennende Kerze ohne Laterne hinausbringt oder einem anderen gestattet, sie hinauszubringen, oder indem er anderes Feuer in Wirtschaftsgebäude oder Bodenräume oder in Räume, wo feuergefährliche Gegenstände aufbewahrt werden, bringt oder bringen läßt oder indem er in einem Ofen oder Herd Feuer anzündet und nicht nach diesem sieht oder in Darren, Futterscheunen oder an anderen ähnlichen Orten raucht oder auf einer Feuerstelle, deren Feuergefährlichkeit ihm bekannt ist, Feuer anzündet oder anzünden läßt, wird mit Geldstrafe bis zu (50 Mark) bestraft.

Gleiche Strafe trifft den, der auf einem Schiff, auf dem sich Menschen befinden oder das im Hafen liegt, unvorsichtig mit Feuer umgeht.

§ 21. Wer in der Nähe von Wohnhäusern oder feuergefährlichen Gegenständen unbefugt Schüsse abfeuert oder ein Feuerwerk abbrennt, wird mit Geldstrafe bis zu (100 Mark) bestraft.

§ 22. Wer im Walde oder auf einer Wiese oder in der nächsten Umgebung derselben Feuer anzündet und dieses nicht ordentlich auslöscht oder dort bei starkem Wind oder großer Trockenheit ohne zwingende Not Feuer anmacht oder unbefugt oder ohne zwingende Not auf fremdem Grund und Boden Feuer anzündet oder sonst mit Feuer oder glühenden Gegenständen so umgeht, daß daraus ein Waldbrand entstehen kann, wird mit höchstens 50 Tagesgeldbußen bestraft.

Gleiche Strafe trifft den, der auf einem Grund und Boden, wo er kein Recht dazu hat, oder ohne Beobachtung der vorgeschriebenen Vorsichtsmaßregeln schwendet oder beim Schwenden ausgemachtes Feuer vernachlässigt. Gesetz vom 22. Juni 1933.

§ 23. Wenn jemand, der einen Waldbrand bemerkt oder sonstwie davon erfährt, von dem seines Wissens die Feuerschutzbehörden keine Kenntnis haben, es unterläßt, diesen Behörden davon selbst oder durch einen anderen Meldung zu machen, oder sich nicht gleich zu einem nahegelegenen Waldbrand begibt, ohne einen Befehl dazu abzuwarten, wird er mit höchstens 25 Tagesgeldbußen bestraft.

Wer es unbefugt unterläßt, einen Botschaftsstab oder einen Befehl, sich zum Löschen eines Waldbrandes einzufinden, auftragsgemäß weiterzubefördern, oder unbefugt, ohne triftigen Grund, eine an ihn ergangene Aufforderung, sich zum Löschen einzufinden, unbeachtet läßt, obwohl er löschpflichtig ist, oder den Anordnungen des Leiters der Löscharbeit nicht gehorcht oder ohne triftigen Grund mit dem Löschen aufhört, bevor die Erlaubnis dazu erteilt ist, wird mit höchstens 50 Tagesgeldbußen bestraft.

Gleiche Strafe trifft den, der es unbefugt unterläßt, einen Botschaftsstab zu befördern, der wegen einer anderen zulässigen Angelegenheit abgesandt worden ist. Gesetz vom 22. Juni 1933.

§ 24. Wer einen Botschaftsstab oder einen anderen amtlichen Befehl, sich zu irgendetwas zu versammeln, unnütz oder in einer solchen Angelegenheit absendet, in der diese nicht abgesandt werden dürfen, oder boshaft oder sonst grundlos Menschen wegen eines angeblichen Waldbrandes alarmiert, den es gar nicht gibt, wird mit höchstens 50 Tagesgeldbußen bestraft. Gesetz vom 22. Juni 1933.

§ 25. Wer im Handel oder bei der Steuererhebung Maße, Gewichte oder Wägegeräte verwendet, die vom Gesetz nicht gestattet oder die nicht in gehöriger Weise oder innerhalb der vorschriftsmäßigen Frist gestempelt sind, wird mit Geldstrafe bis zu (100 Mark) bestraft.

Gleiche Strafe trifft einen Gewerbetreibenden, der solche Maße, Gewichte oder Wägegeräte in einem Raum hält, wo Handel getrieben wird oder Waren feilgehalten werden. In diesen Fällen sind die Maße, Gewichte oder Wägegeräte für verfallen zu erklären.

§ 26. Wer ohne Auftrag der zuständigen Person Stempel, Stanzen, Formen oder andere Werkzeuge, mit denen Metall- oder Papiergeld oder andere im 37. Kapitel genannte Wertpapiere oder Stempelpapier, Stempelmarken, Briefmarken, Zollstempel oder sonstige öffentliche Steuerzeichen hergestellt werden können, anfertigt oder solche Werkzeuge unbefugt oder über die erlaubte Zeit behält oder Außenstehenden überläßt, wird mit Geldstrafe bis zu (300 Mark) bestraft.

Gleiche Strafe trifft den, der ohne zuständigen Auftrag Abdrücke von solchen Werkzeugen nimmt oder gesetzlich genommene Abdrücke an unbefugte Personen überläßt.

Die Werkzeuge und Abdrücke sind für verfallen zu erklären.

§ 27. Wer ohne sachgemäße Genehmigung Banknoten, Anweisungen, Zahlkarten oder anderes in Umlauf bringt, um es als Geldzeichen gelten zu lassen, wird mit Geldstrafe oder mit Gefängnis bis zu sechs Monaten bestraft.

Verordnung über die Strafvollstreckung

vom 19. Dezember 1889

1. Kapitel.

Die Todesstrafe.

§ 1. Wenn eine Todesstrafe vollstreckt werden soll, hat der Befehlshaber der Regierung dem Verurteilten das Todesurteil im Gefängnis vorlesen zu lassen und ihm danach mitteilen zu lassen, an welchem Tage die Strafe zu vollstrecken ist.

§ 2. Bevor eine Todesstrafe vollstreckt wird, ist dem Verurteilten genügend Zeit zu geben, um sich auf den Tod vorzubereiten.

An einer schwangeren Frau darf eine Todesstrafe nicht vollstreckt werden, sondern ist so lange aufzuschieben, bis die Frau sich von der Geburt erholt hat; ebenso ist die Todesstrafe an jemandem, der sich infolge von Krankheit nicht auf den Tod vorbereiten kann, nicht zu vollstrecken, bis sein Gesundheitszustand besser geworden ist.

§ 3. Wenn ein zum Tode Verurteilter sich nicht auf den Tod vorbereiten will, ist die Todesstrafe trotzdem zu vollstrecken.

Ohne gewichtigen Grund ist die Vollstreckung der Todesstrafe nicht zu verzögern und der Verurteilte darf, nachdem er zum Hinrichtungsplatz geführt worden ist, nicht zurück ins Gefängnis gebracht werden.

§ 4. Die Hinrichtung ist auf Anordnung des Befehlshabers der Regierung unter Aufsicht eines (Kronsvogtes) oder eines Magistratsmitgliedes in Gegenwart des Gefängnisdirektors, des Gefängnispredigers oder dessen, der den Gefangenen auf den Tod vorbereitet hat, des Gefängnisarztes oder eines anderen dazu bestimmten Arztes, eines Beamten, der über die Vorgänge bei der Hinrichtung Protokoll führt, sowie derjenigen Personen, die der Befehlshaber der Regierung sonst hinzuruft, zu vollstrecken; andere Personen dürfen ihr nicht beiwohnen.

§ 5. Die Todesstrafe wird durch Enthaupten auf dem Gefängnishof oder an einem abgesperrten Platz in der Nähe des Gefängnisses vollstreckt. Bevor der Verurteilte zum Hinrichtungsplatz geführt wird, ist das Urteil dort denen zu verlesen, die der Hinrichtung beiwohnen.

Will der Verurteilte, bevor er zum Hinrichtungsplatz geführt wird, ein Getränk genießen, so ist ihm das nicht zu verweigern, aber es soll ihm nicht gestattet werden, sich zu berauschen.

Die Leiche des Hingerichteten ist in aller Stille auf dem Friedhof zu beerdigen.

§ 6. Sobald ein Todesurteil vollstreckt ist, hat der Befehlshaber davon der Regierung Meldung zu erstatten.

2. Kapitel.

Allgemeine Vorschriften über die Freiheitsstrafen.

§ 1. Wer zu einer Freiheitsstrafe verurteilt wird, ist, sobald das Urteil rechtskräftig geworden ist, unverzüglich in einer Strafanstalt unterzubringen.

Ist der Verurteilte verhaftet und verzichtet er auf eine Anfechtung des Urteils, so darf er, auch wenn ein anderer gegen das Urteil eine Beschwerde eingelegt hat, mit seiner Zustimmung sofort zur Verbüßung der Freiheitstrafe befördert werden. Wird infolge der eingelegten Beschwerde die verhängte Strafe geändert, so ist die Zeit, die der Schuldige unterdessen verbüßt hat, bei der Vollstreckung anzurechnen und daneben, wenn auch die Strafart geändert wird, einzuhalten, was das Strafgesetz über die Umwandlung von Gefängnisstrafe in Zuchthausstrafe vorschreibt.

Hat der Verurteilte mehrere unmittelbar verhängte Freiheitsstrafen zu verbüßen, die nach dem 7. Kapitel des Strafgesetzes nicht zusammenzufassen sind, oder unmittelbar verhängte Freiheitsstrafen und solche Umwandlungsstrafen von Geldstrafen, die zur Vollstreckung kommen, bevor der Verurteilte aus dem Gefängnis entlassen wird, oder Umwandlungsstrafen von Geldstrafen, die nach dem genannten Kapitel des Strafgesetzes ebenfalls nicht zusammenzufassen sind, so hat der Gefängnisdirektor zuerst, wenn die Strafen in verschiedenen Strafarten verhängt sind, die Strafen in leichterer Strafart in solche in schwererer Strafart umzuwandeln und sie dann in ihrem vollen Betrage zusammenzurechnen, jedoch so, daß eine lebenslängliche Zuchthausstrafe alle übrigen Freiheitsstrafen und alle Geldstrafen in sich schließt und daß eine befristete Zuchthausstrafe nicht über 25 und eine Gefängnisstrafe nicht über 10 Jahre dauern darf. Wenn eine unmittelbar verhängte Freiheitsstrafe und eine einer Geldstrafe entsprechende Umwandlungsstrafe zusammengerechnet worden sind, wird die Strafverbüßung so betrachtet, daß der Verurteilte zuerst die der Geldstrafe entsprechende Umwandlungsstrafe und erst danach die unmittelbar verhängte Freiheitsstrafe verbüßt. Die Dauer des Verlustes der bürgerlichen Ehrenrechte, der Unfähigkeit, als Zeuge auszusagen oder der Unfähigkeit zur Bekleidung öffentlicher Ämter, die als Nebenstrafen mit einer Freiheitsstrafe oder mit mehreren zusammengerechneten Freiheitsstrafen verbunden sind, wird für die zusammengerechnete Strafzeit und für die im Urteil bestimmte Zeit nach dieser Strafzeit gerechnet.

Ein Geisteskranker soll keine Freiheitsstrafe verbüßen, bevor er geheilt ist.

Ist ein Verurteilter schwer krank oder schwanger, so hat das Justizministerium die Befugnis, auf Vorschlag der Strafvollstreckungsbehörden anzuordnen, daß die Strafvollstreckung aufgeschoben wird, bis der Verurteilte genesen oder bis die Geburt erfolgt und die darauffolgende Erholung vor sich gegangen ist.

Wenn festgestellt wird, daß jemand, der eine Freiheitsstrafe verbüßt, geisteskrank ist und keine begründeten Hoffnungen auf eine Heilung bestehen, hat das Justizministerium die Befugnis, ihn auf Vorschlag der Strafanstaltsbehörden zu entlassen. Wird der Entlassene vor Ablauf der

Strafzeit, die auch in diesem Zeitabschnitt als fortdauernd anzusehen ist, geheilt, so hat er den noch übrigen Teil der Strafe zu verbüßen. Gesetz vom 19. Mai 1944.

§ 2. Die Dauer einer verhängten Freiheitsstrafe ist nach den Bestimmungen des Strafgesetzes zu rechnen, und zwar von dem Tage an, an dem der Verurteilte in der Strafanstalt eintrifft, wo Freiheitsstrafen vollstreckt werden können, wenn das Urteil nach § 1 vollstreckungsfähig ist, dagegen wenn das Urteil erst während des Aufenthalts des Verurteilten in einer solchen Anstalt vollstreckungsfähig wird, von dem Tage, an dem dies geschieht.

Ist die Strafzeit nach Jahren oder Monaten festgesetzt, so ist der Verurteilte an dem Tage freizulassen, dessen Zahl der desjenigen Tages entspricht, von dem an die Strafverbüßung gerechnet wird, oder wenn es in dem Monat, in dem diese aufhört, keinen Tag mit entsprechender Zahl gibt, am letzten Tag dieses Monats. Gesetz vom 14. Februar 1925.

§ 3. Ein Gefangener, der während der Strafzeit krank gewesen ist, darf deswegen nicht über die im Urteil festgesetzte Zeit hinaus in der Strafanstalt gehalten werden, selbst wenn er außerhalb derselben sich in Pflege befunden hat.

Wird ein Gefangener vor Gericht geladen, um als Zeuge auszusagen oder verhört zu werden, so hat dieses Gericht zu bestimmen, ob und inwieweit die Zeit, die er aus diesem Grunde außerhalb der Strafanstalt verbringt, ihm auf die Strafzeit anzurechnen ist. Betrifft das Verhör den Gefangenen selbst, so ist diese Anordnung erst beim Urteil zu erteilen, außer wenn die Strafzeit des Gefangenen vorher endet; im letztgenannten Fall ist sie bei der letzten Verhandlung zu erteilen, die vor dem Ablauf der Strafzeit stattfindet. Gegen ein solches Urteil darf keine Beschwerde eingelegt werden.

Wenn ohne Schuld des Gefangenen der Beginn der Strafvollstreckung sich verzögert oder der Strafvollzug unterbrochen wird, ist es Sache des Justizministeriums, zu bestimmen, ob diese Zeit ganz oder teilweise auf die Strafverbüßungszeit angerechnet wird.

Das Justizministerium ist befugt, einem Gefangenen die Genehmigung zum Besuch eines schwerkranken Angehörigen oder zur Teilnahme am Begräbnis eines Angehörigen zu erteilen und zu bestimmen, ob die dazu verwendete Zeit ganz oder teilweise auf die Strafverbüßungszeit anzurechnen ist. Wenn der Gefangene, dem für einen solchen Gang oder eine solche Reise ein Begleiter beigegeben werden kann, nicht zur festgestzten Zeit ins Gefängnis zurückkehrt, wird er als entsprungen betrachtet.

Wenn ein Gefangener entflieht, ist die Zeit vom Beginn des Tages, an dem der Ausbruch erfolgt, bis zum Ende des Tages, an dem er in die Strafanstalt zurückkehrt, nicht auf seine Strafverbüßungszeit anzurechnen. Gesetz vom 19. Mai 1944.

§ 4. Jedem Gefangenen soll Seelsorge zuteil werden und er soll Belehrungen und Ratschläge erhalten, wie er seinen Gemütszustand und sein Leben bessern soll.

In den Strafanstalten ist an Sonn- und Feiertagen Gottesdienst zu halten und an den übrigen Wochentagen sind Andachten zu veranstalten.

§ 5. Ist ein Gefangener zu einer Zuchthausstrafe oder zu einer länger als drei Monate dauernden Gefängnisstrafe verurteilt, so ist ihm Unterricht in Religion und anderen Schulfächern sowie in einem in die Strafanstalt passenden Beruf zu erteilen, vorzugsweise in einem solchen, der mit seinen Neigungen und mit dem Broterwerb, dem er sich nach seiner Entlassung wahrscheinlich zuwenden wird, übereinstimmt.

Wenn festgestellt wird, daß ein Gefangener, dessen Strafzeit eine kürzere ist, des Unterrichts bedarf, oder wenn er selbst darum bittet, hat der Leiter der Strafanstalt nach Prüfung der Umstände die Befugnis, das anzuordnen.

Ein Gefangener, der das 40. Lebensjahr vollendet oder der die nötigen Kenntnisse in der Religion sowie im Lesen, Schreiben und Rechnen erworben hat, darf nicht zum Schulbesuch gezwungen werden.

§ 6. Was ein Gefangener an eigenen Habseligkeiten in die Strafanstalt mitbringt und nach dieser Verordnung nicht bei sich behalten darf, ist ihm bei der Ankunft dort abzunehmen und bei seiner Entlassung zurückzugeben. Bringt er Geld mit oder bekommt er während der Strafverbüßung Geld, so ist dies in den Rechnungsbüchern der Strafanstalt zu buchen und in ein besonderes, im Besitz des Gefangenen befindliches Gegenbuch einzutragen sowie nach Möglichkeit für Rechnung des Gefangenen in einem sicheren Geldinstitut anzulegen.

Wenn besondere Gründe es erfordern, ist das Justizministerium befugt, solchen Gefangenen, die eine Zuchthausstrafe verbüßen, die Genehmigung zum Tragen eigener Kleidung und allen Gefangenen die Genehmigung zur Beschaffung oder zum Empfang besserer Nahrung zu erteilen. Gesetz vom 19. Mai 1944.

§ 7. Wünscht ein Gefangener, der anderswo Vermögen besitzt, einen Gehilfen zur Verwaltung desselben, so hat der Vorstand oder der Leiter der Strafanstalt dafür zu sorgen, daß in der gesetzlich vorgeschriebenen Ordnung ein Vormund für dieses Vermögen für die Zeit, die der Gefangene in der Strafanstalt verbringt, bestimmt wird. Hat der Gefangene eine Gattin bzw. einen Gatten oder Kinder, so sollen diese aus dem genannten Vermögen ihren Unterhalt bekommen.

§ 8. Jeder Gefangene ist ständig unter Beobachtung zu halten und die in Einzelzellen untergebrachten Gefangenen sind von den Beamten der Strafanstalt häufig zu besuchen.

Die Gefangenen sind zu fleißiger Arbeit, zu Gehorsam, Ordnung und Reinlichkeit anzuhalten. Während der freien Stunden ist ihnen Gelegenheit zu geben, Bücher sittlichen oder sonst nützlichen Inhalts aus der Bücherei zu lesen, die die Strafanstalt besitzen soll.

Jeder Gefangene soll täglich Gelegenheit haben, sich im Freien zu bewegen, jedoch sind Gefangene, die voneinander getrennt zu halten sind, dabei nicht zusammenzubringen.

Wenn ein Gefangener erkrankt, hat man ihm die nötige Pflege zukommen zu lassen.

Die Gefangenen sind verpflichtet, sich auf Anordnung des Leiters an den häuslichen Arbeiten in der Strafanstalt zu beteiligen.

Ein Gefangener, der, ohne daß er sich außerdem eine andere Straftat hat zuschulden kommen lassen, für eine solche Straftat verurteilt ist, für die die Strafe im 11., 12. oder 13. Kapitel des Strafgesetzes oder in § 24 des 16. Kapitels festgesetzt ist, darf nicht mit solchen Gefangenen zusammengelegt werden, die Freiheitsstrafen für andere Straftaten verbüßen, und auf ihn ist im übrigen das anzuwenden, was in § 35 der Verordnung über das Inkrafttreten des Strafgesetzes vom 19. Dezember 1889 über die Untersuchungsgefangenen bestimmt ist. Gesetz vom 21. Januar 1921.

§ 9. Briefe, die an Gefangene ankommen oder die Gefangene absenden wollen, sind vom Leiter der Strafanstalt oder von einem Beamten derselben, der vom Leiter damit beauftragt ist, durchzulesen und der Leiter hat je nach den Umständen zu bestimmen, ob die Briefe befördert werden sollen. Briefe an Behörden, deren Aufsicht die Strafanstalt untersteht, sind ungelesen abzusenden.

Ob andere Personen als die Beamten der Strafanstalt einen Gefangenen sprechen dürfen, hat der Leiter gemäß besonderen Bestimmungen zu entscheiden.

§ 10. Wenn ein Gefangener durch Faulheit, Ungehorsam oder Widerspenstigkeit oder sonstwie gegen die Ordnung des Gefängnisses verstößt oder andere dazu zu verleiten sucht oder in der Strafanstalt eine Straftat begeht, die durch Geldstrafe abgebüßt werden kann, hat der Leiter so bald wie möglich in Gegenwart eines Vorstandsmitgliedes der Strafanstalt oder, falls die Anstalt keinen Vorstand hat, eines dazu berufenen Vertrauensmannes die Sache zu untersuchen und ist inzwischen befugt, falls er es für notwendig hält und der Gefangene sich nicht bereits in Einzelhaft befindet, ihn in einer hellen Einzelzelle einzusperren. Der Leiter ist, nachdem er sich mit dem erwähnten Vorstandsmitglied oder dem Vertrauensmann beraten und die näheren Umstände untersucht hat, berechtigt, den Schuldigen auf folgende Weise zu züchtigen:

1. wenn der Gefangene sich bereits in Einzelhaft befindet, mit hartem Lager bis zu acht Tagen oder Schmälerung der Kost bis zu acht Tagen oder mit Einschränkung der Kost auf Wasser und Brot bis zu acht Tagen oder mit der erstgenannten und einer der beiden letztgenannten Strafen zusammen; und

2. wenn der Gefangene in Gemeinschaft mit den übrigen Sträflingen gehalten wird, mit einer der in Punkt 1 genannten Strafen oder durch Einsperren in einer hellen Einzelzelle bis zu 14 Tage oder mit zwei von diesen Strafen zusammen.

Verdient das Vergehen nach Ansicht des Leiters strengere Strafe, so hat er eine Sitzung des Vorstands einzuberufen, der, wenn die Straftat seines Erachtens nicht dem Gericht zu übergeben ist, die Befugnis hat, eine der in Punkt 1 oder 2 genannten Strafen zu verhängen oder auf Verlust der Spargelder oder des Arbeitslohnes des Gefangenen höchstens für die letztvergangenen sechs Monate zu erkennen oder ihn in eine helle Einzelzelle einzusperren, jedoch nicht für länger als 20 Tage ohne Arbeit, oder in eine niedrigere Klasse oder Abteilung zu versetzen oder, wenn diese Strafen sich als unwirksam erwiesen haben, ihn für höchstens 20 Tage in einer Strafzelle unterzubringen und dieser Strafe eine der in

Punkt 1 genannten Strafen hinzuzufügen oder aber von zusätzlichen Strafen abzusehen. Wird ein Gefangener auf unbestimmte Zeit in einer Einzelzelle untergebracht oder in eine untere Klasse oder Abteilung versetzt, so hat der Vorstand die Befugnis, zu entscheiden, wann die betreffende Strafe aufhören soll. Die Zeit, die ein Gefangener in einer Strafzelle verbringt, ist ihm nicht als Strafverbüßungszeit anzurechnen.

Wenn gegen einen Gefangenen auf eine der in diesem Paragraphen genannten Disziplinarstrafen erkannt worden ist, hat er diese vollständig zu verbüßen, auch wenn sie nicht vor seiner Entlassung hat vollstreckt werden können.

Wegen einer Disziplinarstrafe darf ein Gefangener nicht länger in der Strafanstalt gehalten werden als die Hälfte der im Urteil festgelegten Strafzeit, höchstens aber 90 Tage.

Die Disziplinarstrafe und ihre Ursache sind schriftlich zu vermerken. Gesetz vom 19. Mai 1944.

§ 11. Ein Gefangener darf in der Strafanstalt nicht in Eisen gelegt oder auf andere Weise gefesselt werden, außer wenn er entsprungen ist oder einen Fluchtversuch gemacht oder Gewalttätigkeit gezeigt hat, falls er nicht auf andere Art gebändigt werden kann; der Vorstand ist befugt, eine solche Maßnahme und ihre Aufhebung anzuordnen. In eiligen Fällen hat der Leiter sie anzuordnen, davon aber unverzüglich dem Vorstand Mitteilung zu machen.

Die Fesselung eines Gefangenen und ihre Ursache sind schriftlich zu vermerken.

§ 12. Kann ein Gefangener, dessen Strafzeit sich dem Ende nähert, nach seiner Entlassung auf kein sicheres Auskommen rechnen, so hat der Vorstand der Strafanstalt zu versuchen, ihm rechtzeitig einen Arbeitsplatz bei einem ordentlichen Arbeitgeber oder eine andere Gelegenheit zu ehrlichem Verdienst zu verschaffen.

§ 13. Hat ein zu befristeter Freiheitsstrafe Verurteilter die Hälfte derselben oder, wenn die Straftat begangen worden ist, bevor fünf Jahre vergangen sind, seit der Gefangene die letzte vorhergegangene Freiheitsstrafe voll verbüßt hatte oder aus einem Zwangsarbeitshaus entlassen oder aus einer Zwangsanstalt bedingungslos freigelassen worden war, zwei Drittel derselben verbüßt und hat der Strafvollzug wenigstens sechs Monate gedauert, einschließlich der Herabsetzung, die das Gericht auf Grund von § 11 des 3. Kapitels des Strafgesetzes verfügt, so kann das Justizministerium auf Vorschlag des Vorstandes der Strafanstalt oder nach Anhörung des Vorstandes mit Zustimmung des Gefangenen entscheiden, daß dieser auf Bewährungsfrist freigelassen wird, falls begründete Hoffnung besteht, daß er künftig einen unbescholtenen Lebenswandel führen wird.

Bei Erwägung der Frage, ob ein Gefangener auf Bewährungsfrist freigelassen werden soll, sind Art und Motive der von ihm begangenen Straftat, sein früheres Leben und sein Verhalten in der Strafanstalt sowie die Verhältnisse, in die er nach seiner Freilassung kommt, und der Umstand zu berücksichtigen, ob es sicher ist, daß er ein ehrliches Auskommen haben wird.

Ein Gefangener, bei dem der Vollzug einer befristeten Freiheitsstrafe mindestens sechs Monate gedauert hat und von dessen Strafe lediglich ein Sechstel unverbüßt ist, muß, wenn auf ihn nicht die Bestimmungen des ersten Absatzes anzuwenden sind, von dem Leiter der Strafanstalt auf Bewährungsfrist freigelassen werden, wenn nicht das Justizministerium auf Vorschlag des Vorstandes der Strafanstalt oder nach Anhörung des Vorstandes etwas anderes bestimmt oder die Vollstreckung einer nach § 10 verhängten Disziplinarstrafe oder die Bestimmungen von § 16 die Freilassung hindern.

Sind die Freiheitsstrafen nach dem dritten Absatz von § 1 zusammengerechnet, so wird der Zeitpunkt der Freilassung des Gefangenen auf Bewährungsfrist durch die zusammengerechnete Strafzeit bestimmt. Wenn jemand, der auf Bewährungsfrist freigelassen worden ist, durch eine neue Straftat seine bedingte Freiheit verliert, richtet sich der Zeitpunkt seiner erneuten Freilassung auf Bewährungsfrist nach der Summe der vom vorigen Mal übrigen und der für die neue Straftat verhängten Strafzeit. Gesetz vom 19. Mai 1944.

§ 14. Zum Überwacher eines auf Bewährungsfrist Freigelassenen kann das Justizministerium eine Person oder Fürsorgevereinigung bestimmen, die es als dafür geeignet ansieht. Wird kein solcher Überwacher bestimmt, so hat der zuständige Polizeichef dessen Aufgaben wahrzunehmen.

Wird ein Gefangener auf Bewährungsfrist freigelassen, so hat der Leiter der Strafanstalt ihm einen Paß auszustellen, in dem die Dauer der Bewährungsfrist angegeben ist.

Ein auf Bewährungsfrist Freigelassener hat:

1. sich mit seinem Paß sofort nach dem vorgeschriebenen Versorgungsort zu begeben;

2. innerhalb von drei Tagen nach seinem Eintreffen dort seinen Paß dem Überwacher vorzuzeigen;

3. ein ruhiges und ordentliches Leben zu führen und die Gesellschaft übelberüchtigter Menschen zu meiden;

4. auf Aufforderung des Überwachers zu diesem zu kommen und ihm die Mitteilungen über sich und seine Lebensverhältnisse zu machen, die der Überwacher von ihm verlangt;

5. wenn er den Wohnort wechselt, was ohne triftigen Grund nicht geschehen darf, dem Überwacher davon Meldung zu erstatten; und

6. die übrigen Vorschriften zu befolgen, die ihm bei seiner Freilassung auf Bewährungsfrist gegeben worden sind oder die ihm der Überwacher danach gibt;

alles mit dem Vorbehalt, daß, wenn er eine der obigen Forderungen außer acht läßt, die bedingte Freilassung widerrufen werden oder die Bewährungsfrist verlängert werden kann.

Die Überwachung ist so zu regeln, daß sie die Berufsarbeit des auf Bewährungsfrist Freigelassenen nicht unnütz stört und kein allgemeines Aufsehen erregt. Gesetz vom 9. Oktober 1931.

§ 15. Ist einem auf Bewährungsfrist Freigelassenen nach Ansicht des Überwachers aus einem anderen Grunde als wegen einer neuen Straftat die bedingte Freiheit zu entziehen oder die Bewährungsfrist zu verlängern, so ist die Angelegenheit mit allen Begleitumständen dem Justizministerium zu melden. Wenn besondere Gründe dazu vorliegen, hat der Polizeichef den Freigelassenen verhaften zu lassen und dann unverzüglich die ebengenannte Meldung zu erstatten. Dem Justizministerium obliegt es, zu entscheiden, ob der Freigelassene seine bedingte Freiheit verwirkt hat oder ob seine Bewährungsfrist verlängert werden soll.

Wenn ein auf Bewährungsfrist Freigelassener eine neue Straftat begeht, hat das Gericht, das diese aburteilt, zugleich zu entscheiden, ob er dadurch seine bedingte Freiheit verwirkt hat oder nicht.

Versäumt ein auf Bewährungsfrist Freigelassener während der Bewährungsfrist die Befolgung der ihm erteilten Vorschriften oder begeht er in dieser Zeit eine neue Straftat, so kann er nach Ablauf der Bewährungsfrist auf die in diesem Paragraphen festgesetzen Arten die bedingte Freilassung widerrufen werden, jedoch später als ein Jahr nach dem Ablauf der Bewährungsfrist nicht mehr aus einem anderen Grunde als wegen einer neuen Straftat. Gesetz vom 19. Mai 1944.

§ 16. Wird einem auf Bewährungsfrist Freigelassenen die bedingte Freiheit entzogen, so ist er wieder in die Strafanstalt einzuweisen, um die Reststrafe zu verbüßen, die zur Zeit seiner Freilassung übrig war, jedoch wenigstens für zwei Monate.

Ein Gefangener, dem auf Anordnung des Justizministeriums die bedingte Freiheit entzogen worden ist, kann, wenn er mindestens drei Monate der Reststrafe verbüßt hat, von neuem auf Bewährungsfrist freigelassen werden, jedoch nur, wenn das Justizministerium es anordnet. Gesetz vom 9. Oktober 1931.

§ 17. Wenn ein auf Bewährungsfrist Freigelassener seine bedingte Freiheit nicht nach den Bestimmungen von § 15 verloren hat, ist seine Freiheitsstrafe, sobald die Bewährungfrist abgelaufen ist, als voll verbüßt anzusehen.

Die Bewährungsfrist ist die bei der Freilassung übrige Strafzeit, verlängert um ein Jahr, darf jedoch höchstens fünf Jahre betragen. Sie kann auf Grund des ersten Absatzes von § 15 um insgesamt höchstens zwei Jahre verlängert werden. Gesetz vom 19. Mai 1944.

§ 18. Wird ein Gefangener auf Bewährungsfrist aus der Strafanstalt entlassen, so sind ihm außer seinem Freipaß auch sein Geld und seine übrigen Habseligkeiten auszuhändigen. Übersteigt die Geldsumme den Betrag, der für die Bestreitung der Reise zum Heimat- oder Versorgungsort des Gefangenen und für seinen Lebensunterhalt dort in der ersten Zeit als nötig betrachtet wird, so ist der Rest des Geldes dem Fürsorgeamt des Wohnortes des Gefangenen zu übersenden, um ihm nach und nach ausgehändigt zu werden. Gesetz vom 19. Mai 1944.

§ 19. Wird ein Gefangener bedingungslos aus der Strafanstalt entlassen, so hat der Leiter derselben ihm ein Zeugnis darüber auszustellen und ihm gleichzeitig sein Geld und seine übrigen Habseligheiten auszuhändigen.

§ 20. In Gerichtsbezirks- oder Stadtgefängnissen, die keinen Vorstand haben, hat die von der Regierung dazu bestimmte Behörde die Obliegenheiten zu erfüllen, die sonst nach dieser Verordnung Sache des Vorstandes sind.

§ 21. Genauere Vorschriften über die Freiheitsstrafen werden in Übereinstimmung mit dieser Verordnung in besonderen Reglementen und Instruktionen erlassen.

3. Kapitel.

Die Zuchthausstrafe.

§ 1. Die Zuchthausstrafe ist in dazu eingerichteten im Lande befindlichen Strafanstalten zu vollziehen.

Männer und Frauen dürfen nicht im selben Zuchthaus gehalten werden.

§ 2. Die Zuchthausgefangenen sind zu Zwangsarbeit für den Staat anzuhalten. Diese Arbeit ist nach Möglichkeit den Neigungen des Gefangenen und dem Broterwerb anzupassen, dem er sich nach seiner Entlassung wahrscheinlich zuwenden wird.

§ 3. Zuchthausgefangene, die sich in der Strafanstalt gut aufgeführt haben und nicht in Einzelhaft gehalten werden, können unter der erforderlichen Bewachung zu Zwangsarbeit im Freien auch außerhalb der Anstalt eingesetzt werden, dürfen jedoch nicht mit freien Arbeitern zusammengebracht werden. Verordnung vom 26. Februar 1915.

§ 4. Die Zuchthausgefangenen sind in der Anstalt in bestimmte Klassen einzuteilen. Es muß eine Zwangs-, eine Lehr- und eine Prüfungsklasse geben. In solchen Zuchthäusern, wo längere Strafen verbüßt werden oder die Umstände es sonst erfordern, können mehrere Lehrklassen eingerichtet werden.

§ 5. Jeder Zuchthausgefangene ist am Anfang der Strafverbüßungszeit der Lehrklasse zuzuweisen; wenn er aber seine Straftat vor Ablauf von fünf Jahren seit dem Zeitpunkt begangen hat, an dem er die zuletzt verhängte Freiheitsstrafe voll verbüßt hatte oder aus einem Zwangsarbeitshaus entlassen wurde oder bedingungslos aus einer Zwangsanstalt in Freiheit gesetzt wurde, wird er der Zwangsklasse zugewiesen. Die Versetzung in die höheren Klassen soll auf Grund der Wertungen erfolgen, die dem Gefangenen gemäß seiner Führung erteilt werden. Gesetz vom 19. Mai 1944.

§ 6. Ein Zuchthausgefangener, der zur Zwangsklasse gehört, ist nach dem Ermessen des Zuchthausvorstandes den ganzen Tag in einer Einzelzelle zu halten, jedoch nicht kürzere Zeit als vier Monate. Wenn festgestellt wird, daß ein zur Zwangsklasse gehörender Gefangener ständiges Alleinsein ohne Nachteil für seine Gesundheit nicht verträgt, oder wenn man ihn aus einem anderen Grunde nicht in einer Zelle halten kann, soll er unter ständiger Aufsicht zusammen mit anderen Gefangenen arbeiten, aber die Nächte und längere Freistunden nach Möglichkeit in der Zelle zubringen. Muß ein Gefangener, der das 18. Lebenjahr nicht vollendet hat, der Zwangsklasse zugewiesen werden, so hat der Vorstand zu bestimmen, wie lange er in Einzelhaft gehalten werden soll. Ein solcher Gefangener darf nicht in Gemeinschaft mit älteren Gefangenen aus der Zwangsklasse gehalten werden.

§ 7. Ein Zuchthausgefangener, der nach § 5 dieses Kapitels zur Lehrklasse gehört, ist am Anfang seiner Strafverbüßungszeit nach dem Ermessen des Vorstandes Tag und Nacht in Einzelhaft zu halten, jedoch nicht kürzere Zeit als einen Monat. Im übrigen sollen die zur Lehrklasse zählenden Zuchthausgefangenen unter ständiger Aufsicht zusammen mit den anderen Gefangenen Zwangsarbeit leisten, aber die Nächte und längere Freistunden nach Möglichkeit in Einzelhaft zubringen. Erfordern zwingende Gründe, daß ein solcher Gefangener von den übrigen getrennt wird, so ist er nach Möglichkeit in Einzelhaft zu halten. Gesetz vom 19. Mai 1944.

§ 8. Die zur Prüfungsklasse gehörenden Zuchthausgefangenen sollen unter Aufsicht zusammen mit den übrigen Gefangenen arbeiten und die Nächte nach dem Ermessen des Leiters in gemeinsamen Schlafräumen oder in möglicherweise freien Nachtzellen zubringen. Ihre Freistunden dürfen diese Gefangenen je nach den Umständen und gemäß den Verfügungen des Leiters in den Räumen der Anstalt oder auf dem Hof derselben verbringen.

§ 9. Wenn ein Zuchthausgefangener, der in Gemeinschaft mit anderen Gefangenen gehalten werden müßte, darum bittet, den ganzen Tag in einer Zelle zubringen zu dürfen, so hat der Leiter die Befugnis, ihm das zu gestatten, wenn eine freie Tageszelle vorhanden ist. Der Gefangene ist jedoch je nach seinem Verhalten zu einer Klasse zu zählen und nicht, wenn er den Wunsch danach ausspricht, in Gemeinschaft mit anderen Gefangenen zu bringen, bevor er auf Grund seiner vorigen Bitte wenigstens einen Monat in der Zelle verbracht hat.

§ 10. Die Einnahmen aus der Zwangsarbeit der Zuchthausgefangenen fallen dem Staat zu; es ist jedoch den Gefangenen, die sich einen ganzen Monat gut aufführen, für diesen Monat nach den vom Justizministerium zu bestimmenden Grundlagen Spargeld und Arbeitslohnanteil gutzuschreiben. Gesetz vom 31. Oktober 1947.

Gerät jemand in materielle Not, dem ein Gefangener wegen seiner Straftat durch das Urteil Schadenersatz zu leisten verpflichtet ist, so kann der Vorstand der Strafanstalt höchstens die Hälfte der Spar- und Arbeitslohnbeträge des betreffenden Gefangenen zur Zahlung des Schadenersatzes verwenden.

Schädigt ein Gefangener die Strafanstalt vorsätzlich oder durch grobe Fahrlässigkeit, so kann der Vorstand der Anstalt die Spar- und Arbeitslohnbeträge des Gefangenen zum Ersatz dieses Schadens verwenden.

Die Gefangenen dürfen ihre Spar- und Lohnbeträge nach den Grundlagen, die das Justizministerium festlegt, mit Genehmigung des Leiters und durch seine Vermittlung zur Zahlung von Schadenersatz an die Personen, die durch ihre Straftaten gelitten haben, sowie als Beihilfe zum Lebensunterhalt für ihre Angehörigen und außerdem zur Verbesserung ihrer Kost, zur Befriedigung mäßiger Wünsche oder zur Erreichung von Bequemlichkeiten verwenden.

Die Spar- und Arbeitslohnbeträge dürfen während der Strafverbüßungszeit des Gefangenen nicht zur Begleichung einer Schuld, die aus der Zeit vor seiner Bestrafung stammt, gepfändet werden; wenn er aber ausbricht oder einen Ausbruchsversuch macht oder in die Zwangsklasse versetzt wird, verfallen die Spar- und Lohnbeträge der Strafanstalt. Wenn der Gefangene stirbt und eine Gattin (bzw. einen Gatten), Kinder oder Eltern hinterläßt, sollen diese aus den Spar- und Lohnbeträgen des Verstorbenen ihr Erbteil erhalten,. andernfalls aber fallen die Summen dem Staat zu. Gesetz vom 19. Mai 1944.

§ 11. Zur Unterscheidung der Klassen im Zuchthaus sind im übrigen den Gefangenen in der Lehrklasse und in der Prüfungsklasse solche Vergünstigungen zu gewähren, die den Strafzwang in der Zwangsklasse am schwersten, in der Lehrklasse leichter und in der Prüfungsklasse am leichtesten erscheinen lassen, z. B. durch die Berechtigung, Briefwechsel mit Angehörigen und Freunden zu führen und diese zu empfangen, sowie andere ähnliche Vergünstigungen. Auch in der Kleidung darf durch irgendein äußeres Abzeichen ein Unterschied zwischen den verschiedenen Klassen gemacht werden und den Gefangenen kann die Erlaubnis erteilt werden, eigene Bücher und Werkzeuge, die sie zu Bastelarbeiten in ihrer Freizeit benutzen, bei sich zu haben.

Den Gefangenen, die zur Prüfungsklasse gehören, soll nach und nach gestattet werden, bei den Arbeiten im Zuchthaus oder bei solchen Arbeiten außerhalb der Anstalt, die in § 3 genannt sind, Aufträge auszuführen, die Zuverlässigkeit erfordern und, ohne die Ordnung und Sicherheit zu gefährden, den Gefangenen mehr Gelegenheit geben, ihre Besserung zu beweisen. Mit Zustimmung des Leiters dürfen geschickte Gefangene der Prüfungsklasse auch von der anderen Zwangsarbeit befreit und stattdessen als Hilfskräfte beim Berufsunterricht der Gefangenen, die sich nicht in Einzelhaft befinden, verwendet werden. Gesetz vom 19. Mai 1944.

§ 12. Wenn ein Zuchthausgefangener vom Gericht verurteilt oder wenn einem Zuchthausgefangenen, der auf Bewährungsfrist freigelassen war, die bedingte Freiheit entzogen worden ist, so ist der Vorstand befugt, zu entscheiden, ob der Betreffende in Einzelhaft oder in Gemeinschaft mit den übrigen Gefangenen gehalten werden soll und welcher Klasse er zuzuweisen ist. Solche Gefangene dürfen nicht sofort in die Prüfungsklasse versetzt werden.

§ 13. Wird ein zu lebenslänglichem Zuchthaus Verurteilter nachher vom Gericht zur Einsperrung in heller Einzelzelle und außerdem zu Strafschärfung verurteilt, so ist die Strafschärfung zu vollstrecken, auch wenn er sich aus einem anderen Grunde bereits in Einzelhaft befindet.

4. Kapitel

Die Gefängnisstrafe.

§ 1. Eine unbedingt oder anstelle von Geldstrafe verhängte Gefängnisstrafe ist innerhalb des Landes im Provinzialgefängnis oder in einem anderen für diesen Zweck zur Verfügung gestellten Gefängnis zu vollstrecken. Beträgt die Strafzeit weniger als 14 Tage, so kann die Gefängnisstrafe in einem Stadt- oder Gerichtsbezirksgefängnis vollzogen werden, das für diesen Zweck gutgeheißen worden ist. Eine unbedingt verhängte Gefängnistrafe kann auch in einem Zuchthaus vollstreckt werden, wenn die Umstände es erfordern. Die zu Gefängnisstrafe Verurteilten dürfen jedoch nicht mit den Zuchthausgefangenen zusammengebracht werden.

Werden Männer und Frauen in derselben Strafanstalt untergebracht, so sind die beiden Geschlechter voneinander getrennt zu halten.

§ 1 a. Das Justizministerium kann anordnen, daß eine Gefängnisstrafe, die entweder unmittelbar oder als Umwandlungsstrafe für eine oder mehrere Straftaten verhängt ist und höchstens ein Jahr beträgt, gemäß den auf dem Verordnungswege erlassenen genaueren Bestimmungen außerhalb des Gefängnisses in einer staatlichen Arbeitskolonie verbüßt wird, wenn der Verurteilte nicht während der letzten fünf Jahre vor dem Urteil eine Zuchthausstrafe oder eine unmittelbar verhängte Gefängnisstrafe verbüßt hat.

Wenn ein für eine Arbeitskolonie Bestimmter dort nicht zur festgesetzten Zeit eintrifft oder die dort geforderte Ordnung einhält oder sich ohne Erlaubnis von dort entfernt, ist er zur Verbüßung seiner gesamten Strafzeit ins Gefängnis zu schicken. Wird er aus einem anderen Grunde ins Gefängnis übergeführt, so ist die in der Arbeitskolonie verbrachte Zeit ihm auf seine Strafverbüßungszeit anzurechnen.

Auf die für Arbeitskolonien Bestimmten sind entsprechend die Vorschriften der §§ 13, 14, 15, 16 und 17 des 2. Kapitels anzuwenden, jedoch so, daß ein aus einer Arbeitskolonie auf Bewährungsfrist Freigelassener, dem die bedingte Freiheit entzogen wird, im Gefängnis unterzubringen ist, um nach den Bestimmungen von § 16 des 2. Kapitels seine Strafe zu verbüßen. Gesetz vom 26. April 1946.

§ 2. Wer eine Gefängnisstrafe verbüßt, ist verpflichtet, zu arbeiten, darf aber nach eigener Wahl eine für seine Rechnung auszuführende Arbeit angeben, die in die Strafanstalt paßt und mit seinen eigenen oder mit den Werkzeugen der Strafanstalt ausgeführt werden kann. Gibt er keine solche Arbeit oder dazu erforderliche Werkzeuge an, so ist er verpflichtet, eine handwerkliche oder sonstige geeignete Handarbeit für den Staat oder, wenn er in einem Stadt- oder Gerichtsbezirksgefängnis gehalten wird, für die Stadt, den Gerichtsbezirk oder den Staat zu verrichten.

Gefangene, die sich in der Strafanstalt gut aufgeführt haben und nicht in Einzelhaft gehalten werden, können unter der erforderlichen Bewachung zu Arbeiten im Freien auch außerhalb der Anstalt verwendet werden, dürfen aber nicht mit freien Arbeitern zusammengebracht werden. Gesetz vom 31. Dezember 1917.

§ 3. Die zu unbedingter Gefängnisstrafe Verurteilten sind einer bestimmten Abteilung der Anstalt zuzuweisen. In den Provinzialgefängnissen müssen wenigstens zwei Gefangenenabteilungen vorhanden sein. Bei der Versetzung aus einer niedrigeren Abteilung in eine höhere sind die Vorschriften des 3. Kapitels über die Versetzung aus einer niedrigeren in eine höhere zu befolgen.

§ 4. Die zu unbedingter Gefängnisstrafe Verurteilten sind zu Beginn der Strafverbüßungszeit der untersten Abteilung zuzuweisen und nach

Möglichkeit in Einzelhaft zu halten. Je nach der Dauer der Strafzeit eines Gefangenen darf er nach dem Ermessen des Gefängnisvorstandes höchstens 12 Monate und aus triftigen Gründen, wenn seine Gesundheit nicht darunter leidet, auch länger in Einzelhaft gehalten werden.

Gefangene, die nicht in Einzelhaft gehalten werden, sollen unter Aufsicht zusammen mit anderen Gefangenen arbeiten und, wenn keine Einzelzellen zur Verfügung stehen, auch die Nächte und Freistunden miteinander zubringen. Gefangene, die das 18. Lebensjahr nicht vollendet haben und zur untersten Abteilung gehören, dürfen nicht mit älteren Gefangenen derselben Abteilung zusammengelegt werden.

Nach den in § 10 des 2. Kapitels festgelegten Grundlagen kann ein Gefangener in die Besserungsabteilung versetzt werden, für die die Bestimmungen des 3. Kapitels über die Zwangsklasse gelten. Gesetz vom 19. Mai 1944.

§ 5. Gefangene, die anstelle von Geldstrafe eine Gefängnisstrafe verbüßen, sind von den übrigen Gefangenen getrennt zu halten. Läßt sich das nicht durchführen, so sind sie nach Möglichkeit zusammen mit solchen Gefangenen zu halten, die eine unbedingte Gefängnisstrafe in einer höheren Abteilung verbüßen.

§ 6. Ist ein zwingender Grund vorhanden, einen Gefangenen, der in Gemeinschaft mit anderen Gefangenen gehalten werden müßte, von diesen zu trennen, so ist er nach Möglichkeit in Einzelhaft zu halten.

§ 7. Wenn ein Gefangener, der in Gemeinschaft mit anderen Gefangenen gehalten werden müßte, darum bittet, den ganzen Tag in der Zelle zubringen zu dürfen, sind auf ihn je nach den Umständen die Bestimmungen von § 9 des 3. Kapitels über die Zuchthausgefangenen anzuwenden.

§ 8. Hat ein Gefangener für eigene Rechnung gearbeitet, so fallen zwei Drittel des Preises, der durch den Verkauf der von ihm verfertigten Arbeiten nach Abzug des Wertes des Materials erzielt wird, dem Staat, der Stadt oder dem Gerichtsbezirk zu.

§ 9. Einem Gefangenen, der für den Staat arbeitet und sich einen ganzen Monat gut aufgeführt hat, ist für diesen Monat nach den vom Justizministerium festzulegenden Grundlagen eine Spar- und Arbeitslohnsumme gutzuschreiben. Gesetz vom 19. Mai 1944.

§ 10. Hinsichtlich der Einnahmen von Gefangenen aus solcher Arbeit, die sie für eigene Rechnung verrichten, sowie ihrer Spar- und Lohnbeträge gelten die Bestimmungen des 3. Kapitels über die Spar- und Lohnbeträge von Zuchthausgefangenen der Prüfungsklasse. Gesetz vom 14. Februar 1925.

§ 11. Nach den im 3. Kapitel für die Zuchthäuser festgelegten Grundlagen sind auch sonst zwischen den Gefangenenabteilungen solche Unterschiede zu machen, daß die Gefangenen dadurch ermuntert werden, sich darum zu bemühen, der Versetzung in eine höhere Abteilung würdig zu werden.

§ 12. Gefangenen, die Gefängnisstrafen verbüßen, ist das Tragen eigener Kleider nicht zu verbieten, wenn die Betreffenden sie in Ordnung zu halten vermögen und die Sicherheit hinsichtlich der Bewachung dadurch nicht gefährdet wird.

§ 13. Wenn ein zu unbedingter Gefängnisstrafe verurteilter Gefangener vom Gericht erneut verurteilt wird oder wenn einem auf Bewährungsfrist freigelassenen die bedingte Freiheit entzogen wird, sind je nach den Umständen die für solche Fälle im 3. Kapitel erlassenen Bestimmungen anzuwenden.

5. Kapitel.

Das Jugendgefängnis (Gesetz vom 31. Mai 1940).

§ 1. Im Jugendgefängnis verbüßen solche Gefangene ihre Strafe, die auf Grund des Gesetzes vom 31. Mai 1940 über die jugendlichen Rechtsbrecher in ein derartiges Gefängnis eingewiesen sind.

§ 2. Das Jugendgefängnis ist eine vom Staat unterhaltene besondere Anstalt oder Anstaltsabteilung.

Männer und Frauen sind nicht im selben Jugendgefängnis zu halten.

§ 3. Die Gefangenen haben für den Staat zu arbeiten. Bei der Zuweisung von Arbeit ist besonders darauf zu achten, daß jeder Gefangene in einem Beruf geschult wird, der seinen Fähigkeiten und Neigungen entspricht.

Den Gefangenen kann das Recht zugebilligt werden, in ihrer Freizeit für eigene Rechnung solche Arbeiten zu verrichten, die in die Anstalt passen. Das der Anstalt gehörende Material, das zu solchen Arbeiten verwendet wird, haben die betreffenden Gefangenen zu ersetzen.

§ 4. Fleißigen Gefangenen, die sich gut aufführen, wird nach den vom Justizministerium zu bestimmenden Grundlagen Spargeld und Arbeitslohnanteil gezahlt.

Hinsichtlich der Verwendung der Spar- und Arbeitslohnbeträge sowie der Einnahmen, die die Gefangenen aus für eigene Rechnung ausgeführter Arbeit erhalten, sind die Bestimmungen des 3. Kapitels über die Spar- und Lohnbeträge von Zuchthausgefangenen in der Prüfungsklasse einzuhalten, jedoch so, daß ein Gefangener mit Genehmigung des Leiters und durch dessen Vermittlung seinen ganzen Arbeitslohn und auch alle Einnahmen aus für eigene Rechnung ausgeführter Arbeit für die im zweiten und dritten Abschnitt von § 10 des 3. Kapitels genannten Zwecke verwenden darf.

§ 5. Gefangenen, die den im Gesetz über die Schulpflicht festgesetzten Volksschulunterricht nicht erhalten haben, ist solcher Unterricht zu erteilen. Daneben ist jedem Gefangenen allgemein staatsbürgerliche Erziehung zukommen zu lassen.

Beim Unterricht der Gefangenen ist in erster Linie danach zu streben, in ihnen den Wunsch nach Fortschritt und Besserung zu wecken.

§ 6. Die Gefangenen sind in verschiedene Klassen einzuteilen. Zur Unterscheidung der Klassen sind den Gefangenen der höheren Klassen solche Vergünstigungen zu gewähren, die Veranlassung geben, sich um die Versetzung in höhere Klassen zu bemühen.

Ein Gefangener darf nicht gegen seinen Willen länger als drei Monate ohne Unterbrechung den ganzen Tag in Einzelhaft gehalten werden.

Ein Gefangener, der sich gut aufgeführt hat und in die oberste Klasse aufgestiegen ist, kann ohne Bewachung, jedoch unter geeigneter Aufsicht, außerhalb der Anstalt zu solchen Arbeiten oder Beschäftigungen eingesetzt werden, die ihm Gelegenheit geben, Tüchtigkeit und Zuverlässigkeit zu beweisen. Einem solchen Gefangenen kann auch das Recht zugestanden werden, unter geeigneter Aufsicht seine Angehörigen, Erzieher oder künftigen Arbeitgeber zu besuchen und zu diesem Zweck höchstens eine Woche auf einmal dem Gefängnis fernzubleiben. Die Gefangenen dürfen solche ihnen gehörenden Gegenstände bei sich haben, von denen man annehmen kann, daß sie ihr Streben nach Besserung fördern.

Genauere Vorschriften über die verschiedenen Klassen werden auf dem Verordnungswege erlassen.

Die Grundlagen für die Versetzung der Gefangenen aus einer Klasse in die andere bestimmt das Justizministerium.

§ 7. Die Kleidung der im Jugendgefängnis Untergebrachten muß sich von der Kleidung der Gefangenen, die eine gewöhnliche Freiheitsstrafe verbüßen, unterscheiden. Gefangenen, die sich gut geführt haben und in die höchste Klasse aufgestiegen sind, kann der Gefängnisdirektor gestatten, eigene Kleider zu tragen.

§ 8. Läßt sich ein Gefangener einen geringfügigen Verstoß gegen die Ordnung zuschulden kommen, so hat der Gefängnisdirektor, bevor er ihn mit Maßnahmen bestraft, die in § 10 des 2. Kapitels vorgesehen sind, zu versuchen, ihn durch Einschränkung der ihm gewährten Rechte oder durch Entlassung aus einer Vertrauensstellung oder auf eine andere zur Erziehung des Gefangenen geeignete Weise zu bessern.

Der Vorstand kann Gefangene, die gegen die Gefängnisordnung verstoßen haben, in eine besondere Disziplinarklasse versetzen.

§ 9. Auf Bewährungsfrist ist ein Gefangener aus dem Jugendgefängnis lediglich dann zu entlassen, wenn man das als geeignet für seine Erziehung und Entwicklung betrachten kann.

Bedingung für die Freilassung auf Bewährungsfrist ist außerdem, daß der Gefangene wenigstens ein Jahr und wenigstens ein Drittel seiner Strafzeit verbüßt hat, einschließlich der Zeit, die nach § 17 des Gesetzes über die jugendlichen Rechtsbrecher der im Urteil festgesetzten Zeit hinzugefügt worden ist.

Unter den im ersten und zweiten Absatz genannten Bedingungen kann ein Gefangener auch endgültig entlassen werden, jedoch nicht, bevor die Zeit der vom allgemeinen Gericht verhängten Strafe abgelaufen ist; in diesem Fall ist seine Strafe als verbüßt anzusehen.

§ 10. Über die endgültige Entlassung eines ins Jugendgefängnis eingewiesenen Gefangenen nach den Bestimmungen des dritten Absatzes von § 9 entscheidet das Gefängnisgericht auf Vorschlag oder nach Anhörung des Vorstandes des Jugendgefängnisses. Im übrigen gelten für die bedingte oder unbedingte Entlassung dieser Gefangenen ebenso wie für die Überwachung eines auf Bewährungsfrist freigelassenen Gefangenen und für die Vorschriften, die der Gefangene während der Bewährungsfrist zu befolgen hat, die Bestimmungen des 2. Kapitels, jedoch so, daß zum Überwacher eines auf Bewährungsfrist freigelassenen Gefangenen, besonders wenn dieser jünger als 18 Jahre ist, auch das zuständige Fürsorgeamt bestimmt werden kann. Gesetz vom 20. November 1942.

6. Kapitel.

Geldstrafe, verfallenes Gut und durch Straftaten erlangter wirtschaftlicher Nutzen (Gesetz vom 24. März 1943).

§ 1. Die Provinzialverwaltung hat dafür Sorge zu tragen, daß die Geldstrafen gemäß dem Urteil oder dem Strafgelderverzeichnis bezahlt oder beigetrieben werden oder daß die zu Geldstrafe Verurteilten statt dessen ins Gefängnis eingewiesen werden, und auch, soweit nicht durch Sondervorschriften etwas anderes bestimmt ist, für die Vollstreckungsmaßnahmen zu sorgen, wenn irgendwelches Vermögen oder irgendein Gegenstand oder der Wert eines solchen oder der durch eine Straftat erlangte wirtschaftliche Nutzen wegen einer Straftat für verfallen erklärt worden ist.

Als der Provinzialverwaltung unterstehende Vollstreckungsbehörde, hier im Folgenden Gerichtsvollzieher genannt, ist in den im ersten Absatz genannten Angelegenheiten auf dem Lande der Ortspolizeikommissar und in den Städten der Magistrat. Gesetz vom 22. Dezember 1944.

§ 2. Erklärt ein zu Geldstrafe Verurteilter, wenn die Strafe von ihm beigetrieben werden soll, daß er das Urteil angefochten habe, ohne das aber gleich beweisen zu können, so hat der Gerichtsvollzieher ihm vorzuschreiben, innerhalb von sechs Wochen das Urteil einer höheren Instanz oder eine Bescheinigung darüber, daß er eine Beschwerde eingelegt hat, vorzuweisen. Tut der Verurteilte das nicht oder wird er durch das Urteil der höheren Instanz nicht von der Geldstrafe freigesprochen, so hat der Gerichtsvollzieher, wenn nicht sonstige gesetzliche Hindernisse auftreten, diese beizutreiben oder den Verurteilten zur Verbüßung der Gefängnisstrafe zu befördern.

Beweist der zu Geldstrafe Verurteilte, daß er eine Beschwerde eingelegt hat, so ist die Zwangsvollstreckung aufzuschieben, bis das Urteil der höheren Instanz in der betreffenden Sache gefällt worden ist, jedoch nicht länger als ein Jahr von dem Tage, an dem die untere Instanz auf die Geldstrafe erkannt hat, falls der Verurteilte nicht einen neuen Beleg dafür vorweist, daß die Sache von der höheren Instanz noch nicht entschieden ist.

§ 3. Hat der zu Geldstrafe Verurteilte Vermögen, so daß er die Geldstrafe begleichen kann, aber kein Geld, so ist die Geldstrafe aus seinem übrigen Privateigentum oder seinem Anteil an gemeinsamem Gut gemäß den Bestimmungen für die Zwangsvollstreckung bei Schulden beizutreiben. Wegen einer Geldstrafe darf jedoch nicht gepfändet werden, was der Verurteilte zum Lebensunterhalt für sich und die Seinigen während eines Monats oder zu seiner und seiner Angehörigen Bekleidung braucht, auch nicht seine einzigen Erwerbsmittel oder seine für ihn notwendige Wohnung oder ein Immobil, aus dem er seinen notwendigen Lebensunterhalt bezieht, oder was er zur Bebauung des Bodens benötigt. Kann der Verurteilte die Geldstrafe nicht voll bezahlen, so ist er gemäß den Bestimmungen des Strafgesetzes für den vollen Betrag im Gefängnis zu halten.

Wer statt Geldstrafe eine Gefängnisstrafe verbüßt, ist berechtigt, während der Strafverbüßungszeit seine Geldstrafe voll zu bezahlen. Tut er das, so ist er sofort freizulassen.

§ 4. Will der zu Geldstrafe Verurteilte die Zwangsvollstreckung nicht abwarten, so hat er das Recht, sobald das Urteil rechtskräftig geworden ist, den Betrag der Geldstrafe sowie das Urteil oder eine Bescheinigung über diesen Betrag dem Gerichtsvollzieher zu übergeben.

§ 5. Hat ein zu Geldstrafe Verurteilter den Amtsbezirk des Gerichtsvollziehers verlassen, den die Provinzialverwaltung mit der Vollstreckung beauftragt hat, und ist auch nicht bekannt, daß der Verurteilte dort zur Bezahlung der Geldstrafe verwendbares Vermögen besitzt, so hat der Gerichtsvollzieher den Vollstreckungsbefehl der Provinzialverwaltung zurückzugeben und einen Bericht über das aufgetretene Hindernis der Vollstreckung sowie über den Aufenthaltsort des Verurteilten oder den Ort hinzuzufügen, wo seines Wissens der Verurteilte zur Begleichung der Geldstrafe verwendbares Vermögen besitzt. Ist über seinen Aufenthaltsort oder über solches Vermögen nichts bekannt, so hat die Provinzialverwaltung eine öffentliche Bekanntmachung zu erlassen, daß die Geldstrafe von dem Verurteilten, wo er auch angetroffen werden möge, in der gesetzlich vorgeschriebenen Ordnung beizutreiben oder der Verurteilte ins Gefängnis zu befördern ist. Gesetz vom 22. Dezember 1944.

§ 6. Über Geldstrafen, deren Beitreibung der Vollstreckungsbehörde obliegt, hat diese wie über andere Einnahmen Rechenschaft abzulegen und ins Rechnungsbuch den Tag einzutragen, an dem die Geldstrafe bezahlt worden ist.

§ 7. Hat ein Gericht irgendwelches Vermögen für verfallen erklärt, so ist dieses, sobald das Urteil rechtskräftig geworden ist, oder wenn es sich um leicht verderbliche oder starkem Schwund ausgesetzte oder schneller Wertminderung unterworfene oder verhältnismäßig teure Pflege erfordernde Güter handelt, schon früher nach dem Ermessen der Provinzialverwaltung oder, falls das Vermögen wegen eines Zollvergehens für verfallen erklärt worden ist, nach dem Ermessen der Zollverwaltung in öffentlicher Versteigerung zu verkaufen und über die Kaufsumme wie über Strafgelder Rechenschaft abzulegen, falls das Vermögen nicht nach der Entscheidung des Gerichts zu vernichten oder aus dem Lande auszuführen ist oder wenn nicht besonders etwas anderes darüber bestimmt ist. Wenn das Vermögen einer Privatperson zugesprochen worden ist, ist es deren Sache, die Beitreibung desselben zu beantragen.

Wenn ein besonderer Grund es erfordert, kann für verfallen erklärtes Vermögen, ohne durch Versteigerung verkauft zu werden, für den Staat gemäß auf dem Verordnungswege erlassenen Bestimmungen eingezogen werden. Wird das getan, bevor das Urteil rechtskräftig geworden ist, und wird dann das Vermögen wieder seinem Eigentümer zugesprochen, so hat der Staat es ihm zurückzugeben oder, wenn das nicht mehr möglich ist, den Wert gemäß einer vor der Einziehung vorgenommenen Schätzung zu ersetzen und auch für anderen Schaden, der dem Eigentümer aus der Einziehung erwachsen ist, Ersatz zu leisten.

Auf dem Verordnungswege werden Bestimmungen erlassen, wie mit solchem Vermögen zu verfahren ist, das wegen eines Münzverbrechens für verfallen erklärt worden ist.

§ 8. Wenn der durch eine Straftat erlangte wirtschaftliche Nutzen oder der Wert eines Gegenstandes oder sonstigen Vermögens wegen einer Straftat für verfallen erklärt worden ist, so ist bei der Vollstreckung des Urteils einzuhalten, was das Gesetz über die Zwangsvollstreckung hinsichtlich der Vollstreckung eines solchen Urteils in einer Streitsache vorschreibt, durch das jemand zu einer Zahlung verpflichtet ist, jedoch so, daß durch Verordnung von den Bestimmungen des Zwangsvollstreckungsgesetzes abweichende Vorschriften über den Vollstreckungsbefehl und dessen Zustellung an die Vollstreckungsbehörde sowie über die Amtshilfe bei der Vollstreckung und der Rechnungslegung über die dabei eingenommenen Summen erlassen werden können. Gesetz vom 24. März 1943.

Anhang

Gesetz über das bedingte Strafurteil vom 20. Juni 1918.

Durch Beschluß des Finnischen Reichstags wird Folgendes bestimmt:

§ 1. Wenn jemand für eine oder mehrere Straftaten zu einer Freiheitsstrafe von höchstens einem Jahr oder zu Geldstrafe verurteilt wird, kann das Gericht gemäß den Vorschriften dieses Gesetzes bestimmen, daß die Vollstreckung einer Strafe in allgemeiner Strafart für eine vom Gericht zu bestimmende Bewährungsfrist von wenigstens zwei und höchstens fünf Jahren auszusetzen ist, gerechnet vom Inkrafttreten des Urteils, und daß es vom Verhalten des Verurteilten während dieser Frist abhängt, ob die Strafe vollstreckt wird.

§ 2. Ein bedingtes Strafurteil, wie es in § 1 beschrieben ist, darf nicht verhängt werden, wenn der Angeklagte während der seiner Straftat unmittelbar vorhergehenden fünf Jahre zu einer Zuchthausstrafe oder einer Gefängnisstrafe von mehr als sechs Monaten verurteilt worden ist oder während dieser Zeit eine derartige Freiheitsstrafe für eine frühere Straftat verbüßt hat. Gesetz vom 23. Dezember 1948.

§ 3. Ein bedingtes Strafurteil darf lediglich dann verhängt werden, wenn man in Anbetracht des früheren Lebens des Täters, der Beweggründe der Straftat und der Umstände bei ihrer Begehung annehmen kann, daß er sich bessern wird, auch wenn die Strafe nicht vollstreckt wird. Dabei ist auch das Verhalten des Täters nach der Tat und besonders seine Bereitwilligkeit, nach Kräften den dadurch verursachten Schaden zu ersetzen, in Betracht zu ziehen.

Das Gericht kann bestimmen, daß der Täter, damit ihm der Strafaufschub zugute kommt, innerhalb einer festgesetzen Frist seine Schadenersatzverpflichtung zu erfüllen hat, wenn es ihn als dazu imstande ansieht.

§ 4. Ein bedingtes Strafurteil darf nicht für ein Amtsdelikt verhängt werden, das eine Person von mindestens 21 Jahren begangen hat. Gesetz vom 23. Dezember 1948.

§ 5. Wenn jemand, der durch ein bedingtes Strafurteil Strafaufschub erhalten hat, vor Ablauf der Bewährungsfrist vorsätzlich eine Straftat begeht, für die er zu einer Zuchthausstrafe oder zu einer Gefängnisstrafe von wenigstens drei Monaten verurteilt wird, ist auch die bedingt verhängte Strafe zu vollstrecken.

Lautet das Urteil auf eine mildere Strafe, als im ersten Absatz angegeben, oder ist die Straftat nicht vorsätzlich begangen worden, so ist es dem Ermessen des Gerichts anheimgestellt, ob die früher verhängte Strafe zu vollstrecken ist.

Verfällt ein Verurteilter während seiner Bewährungsfrist der Trunksucht oder einer unsittlichen oder sonst anstößigen Lebensweise, so hat das Gericht, das das bedingte Strafurteil gefällt hat, die Befugnis, auf

Verlangen des Anklägers oder des Klaginhabers die Vollstreckung der Strafe anzuordnen.

Ist dem Täter die Bedingung gestellt, daß er innerhalb der Frist den Schaden zu ersetzen hat, und unterläßt er das, so hat das Gericht, wenn der Verletzte vor Ablauf der Bewährungsfrist eine Meldung darüber macht, die Vollstreckung der Strafe anzuordnen. Das Gericht hat jedoch die Befugnis, den Täter von der genannten Bedingung zu befreien, wenn er glaubhaft macht, daß es ihm aus Gründen, die man ihm billigerweise nicht zur Last legen kann, unmöglich ist, den Schaden zu ersetzen. Gesetz vom 17. November 1939.

§ 6. Wird jemand, der wegen einer Straftat durch ein bedingtes Strafurteil verurteilt worden ist, vor Ablauf der Bewährungsfrist einer anderen vor dem Urteil verübten Straftat angeklagt und vor Gericht für schuldig befunden, so sind nach dem Strafgesetz die Strafen zusammenzufassen und das Gericht hat gleichzeitig unter Einhaltung der oben in diesem Gesetz gegebenen Vorschriften zu bestimmen, ob Strafaufschub zu gewähren ist.

§ 7. Wenn jemand, der durch ein bedingtes Strafurteil verurteilt worden ist, nicht nach § 5 sein Recht auf Strafaufschub verwirkt, wird die Strafe hinfällig. Waren ihm die bürgerlichen Ehrenrechte oder die Fähigkeit, als Zeuge auszusagen, oder die Fähigkeit zur Bekleidung öffentlicher Ämter aberkannt worden, so hört auch diese Nebenstrafe auf. Gesetz vom 23. Dezember 1948.

§ 8. Bei der Verkündung eines bedingten Strafurteils ist dem Verurteilten mitzuteilen, welche Vorschriften er einzuhalten hat, damit die Strafvollstreckung hinfällig wird.

§ 9. Erhebt sich die Frage der Vollstreckung eines bedingten Strafurteils, so sind die im 8. Kapitel des Strafgesetzes festgesetzten Fristen vom Tage des Ablaufes der Bewährungfrist oder, wenn die Vollstreckung zu der betreffenden Zeit begonnen hatte, aber unterbrochen worden ist, vom Tage der Unterbrechung zu rechnen.

§ 10. Genauere Bestimmungen über die Anwendung dieses Gesetzes werden auf dem Verwaltungswege erlassen.

Gesetz über die gefährlichen Rückfallverbrecher vom 27. Mai 1932.

Durch Beschluß des Reichstags wird hiermit Folgendes bestimmt:

§ 1. Wenn jemand, der wegen drei oder mehr Straftaten zu einer unmittelbaren Freiheitsstrafe verurteilt worden ist, davon zu wenigstens einer Zuchthausstrafe von mindestens einem Jahr, und wenigstens eine Zuchthausstrafe von einem Jahr verbüßt hat, oder jemand, der eine unmittelbar verhängte Freiheitsstrafe in einem Strich oder in mehreren Abschnitten von insgesamt wenigstens zehn Jahren verbüßt hat, ein neues Verbrechen verübt, für das er zu mindestens drei Jahren Zuchthaus verurteilt wird, so hat das Gericht, wenn der Verurteilte auf Grund der vorliegenden Usmtände als gefährlich für die öffentliche oder private Sicherheit anzusehen ist, bei seiner Verurteilung zugleich die Verwahrung des Verurteilten in einer Zwangsanstalt gemäß den Bestimmungen dieses Gesetzes anzuordnen. Das Obengesagte ist jedoch nicht anzuwenden, wenn vor der Begehung der neuen Straftat fünf Jahre seit dem Tage vergangen sind, an dem der Täter die zuletzt unmittelbar verhängte Freiheitsstrafe voll verbüßt hatte.

Das Gleiche gilt, wenn ein Verbrecher von der im ersten Absatz genannten Art, nachdem er aus einer Zwangsanstalt bedingungslos freigelassen worden ist, ein neues Verbrechen begeht, für das er zu mindestens einem Jahr Zuchthaus verurteilt wird, und wenn man ihn als gefährlich für die allgemeine oder private Sicherheit betrachtet.

Die in diesem Gesetz gemeinten Rückfallverbrecher werden gefährliche Rückfallverbrecher genannt. Gesetz vom 28. Oktober 1949.

§ 2. Bei der Anwendung dieses Gesetzes sind solche Strafen nicht zu berücksichtigen, die für solche Straftaten verhängt sind, für die die Bestimmungen des 11., 12., 13. oder 14. Kapitels oder des § 24 des 16. Kapitels gelten. Auch auf einen zu lebenslänglichem Zuchthaus Verurteilten ist das Gesetz nicht anzuwenden.

§ 3. Wenn die untere Instanz entschieden hat, daß der Verurteilte in einer Zwangsanstalt verwahrt werden kann, so sind Untersuchung und Urteil dieses Gerichts, soweit sie einen solchen Verurteilten betreffen, dem Hofgericht zur Überprüfung vorzulegen. Gleichzeitig ist der Verurteilte zu verhaften, falls das noch nicht geschehen ist. Gesetz vom 26. Mai 1941.

§ 4. Wenn bei der Strafvollstreckung beobachtet wird, daß die Strafe den Rückfallverbrecher nicht bessert, hat das Gefängnisgericht seine Verwahrung in einer Zwangsanstalt anzuordnen, jedoch nicht früher, als er den Teil seiner Strafe verbüßt hat, den er in einer Einzelzelle zu verbringen hat.

§ 5. Die Mitglieder des Gefängnisgerichts sind der Leiter des Gefängniswesens oder, wenn er verhindert oder befangen ist, sein Stellvertreter sowie drei weitere vom Präsidenten der Republik für fünf Jahre bestimmte Mitglieder, von denen einer Erfahrung im Richteramt haben und einer ein mit der Psychiatrie vertrauter Arzt sein muß.

Der Präsident der Republik bestimmt den Vorsitzenden und Vizevorsitzenden des Gefängnisgerichts aus der Zahl der juristischen Mitglieder dieses Gerichts sowie ein stellvertretendes Mitglied für jedes ernannte Mitglied.

Die Mitglieder des Gefängnisgerichts haben den Richtereid zu schwören.

§ 6. Hinsichtlich des Gefängnisgerichts sind entsprchend die Vorschriften über Befangenheit des Richters und über die Abstimmung im Obergericht einzuhalten.

§ 7. Bevor das Gefängnisgericht die Verwahrung eines Rückfallverbrechers in einer Zwangsanstalt beschließt, hat es ihm schriftlich die Gründe bekanntzugeben, die nach Ansicht des Gerichts diese Maßnahme erfordern, und ihm Gelegenheit zu geben, mündlich oder schriftlich Einwände zu erheben, zu deren Vorbringung und Abfassung er berechtigt ist, einen Rechtsbeistand zu erhalten.

§ 8. Das Urteil des Gefängnisgerichts ist gemäß den Bestimmungen über das rechtskräftige Urteil sofort zu vollstrecken. Es wird jedoch hinfällig, wenn es nicht im Lauf von zehn Jahren seit der Fällung vollstreckt wird, oder wenn die Vollstreckung unterbrochen wird, im Lauf der gleichen Zeit, von der Unterbrechung gerechnet.

§ 9. Wenn ein in einer Zwangsanstalt Verwahrter gewillt und imstande ist, die Kosten für eine etwas bessere Ernährung oder für etwas mehr Bequemlichkeit zu tragen, als sie in der Anstalt gewährt wird, kann ihm auf Grund seines Verhaltens die Erlaubnis dazu erteilt werden, wenn die Ordnung in der Anstalt dadurch nicht gestört und die Sicherheit seiner Verwahrung nicht gefährdet wird.

Einem Gefangenen, der in der Zwangsanstalt mindestens zwei Jahre über die Zeit seiner Freiheitsstrafe hinaus verbracht hat, kann das Gefängnisgericht aus besonderen Gründen und unter vom Gericht festgesetzten Bedingungen Urlaub auf Bewährung von höchstens zwei Wochen im Jahr bewilligen.

Aus besonderen Gründen kann ein Gefangener, der in einer Zwangsanstalt verwahrt wird, vorübergehend im Gefängnis untergebracht werden, jedoch getrennt von den übrigen Gefangenen.

Im übrigen sind jeweils die Bestimmungen über die Gefangenen im allgemeinen und über die in der obersten Abteilung ihre Freiheitsstrafe Verbüßenden im besonderen einzuhalten.

§ 10. Wenn ein in einer Zwangsanstalt Verwahrter zu einer Freiheitsstrafe verurteilt wird, ist er, nachdem er den Teil der neuen Strafe verbüßt hat, den er in einer Einzelzelle zu verbringen hat, in die Zwangsanstalt zurückzuschicken. Ist er zu einer entweder unmittelbaren oder einer Geldstrafe entsprechenden Gefängnisstrafe verurteilt worden, die nicht über sechs Monate beträgt, so ist es der Entscheidung des Gefängnisgerichts anheimgestellt, ob er überhaupt zur Verbüßung dieser Strafe ins Gefängnis geschickt wird.

§ 11. Einem Gefangenen, dessen Verwahrung in einer Zwangsanstalt angeordnet worden ist, ist eine Freiheitsstrafe dann als voll verbüßt anzurechnen, wenn er in der Strafanstalt und in der Zwangsanstalt zusammen die Zeit verbracht hat, auf die seine Freiheitsstrafe lautet.

§ 12. Ein Gefangener, der in einer Zwangsanstalt mindestens drei Jahre über seine Freiheitsstrafe hinaus verbracht hat, kann auf Bewährungsfrist freigelassen werden, wenn er nicht mehr als gefährlich für die öffentliche oder private Sicherheit angesehen wird. Wer jedoch schon einmal aus einer Zwangsanstalt bedingungslos entlassen worden ist, darf nicht früher auf Bewährungsfrist freigelassen werden, als er in der Anstalt zehn Jahre über die Zeit seiner Strafe hinaus verbracht hat.

Ist ein Gefangener, der in einer Zwangsanstalt verwahrt wird, nicht nach Ablauf der im ersten Absatz festgesetzten kürzesten Frist auf Bewährungsfrist freigelassen worden, so ist die Frage von da an stets einmal im Jahr von neuem zu erwägen.

§ 13. Wenn ein auf Bewährungsfrist Freigelassener die ihm gegebenen Richtlinien und Vorschriften nicht einhält, hat das Gefängnisgericht, wenn es ihn aus diesem oder aus einem anderen Grunde als gefährlich für die öffentliche oder private Sicherheit betrachtet, die bedingte Freilassung aufzuheben. Wenn er für eine neue Straftat zu einer Freiheitsstrafe verurteilt wird, hat das Gericht, das die Strafe verhängt, zugleich die bedingte Freilassung aufzuheben.

Wem die bedingte Freilassung auf die im ersten Absatz angegebene Art widerrufen worden ist, der kann vom Gefängnisgericht von neuem auf Bewährungsfrist freigelassen werden, wenn er wenigstens ein Jahr in der Zwangsanstalt verbracht hat. Wenn er jedoch für seine neue Straftat zu einer strengeren Strafe verurteilt worden ist als sechs Monate Gefängnis, darf er lediglich unter den in § 12 genannten Voraussetzungen auf Bewährungsfrist freigelassen werden.

Der Vorsitzende des Gefängnisgerichts hat das Recht, die Verhaftung eines auf Bewährungsfrist Freigelassenen anzuordnen. Gesetz vom 28. Oktober 1949.

§ 14. Ist die bedingte Freilassung im Laufe von fünf Jahren nicht aufgehoben worden, so ist der Verurteilte als bedingungslos aus der Zwangsanstalt entlassen anzusehen.

Wenn ein Gefangener, der in einer Zwangsanstalt verwahrt wird, eine neue Straftat begeht, so ist die in § 5 des 6. Kapitels des Strafgesetzes genannte Verjährungsfrist von fünf Jahren von dem Tage an zu rechnen, an dem er bedingungslos aus der Zwangsanstalt entlassen worden ist. Gesetz vom 17. November 1939.

§ 15. Genauere Bestimmungen über die Überwachung der auf Bewährungsfrist Freigelassenen und über die sonstige Ausführung dieses Gesetzes werden auf dem Verordnungswege erlassen.

§ 16. Dieses Gesetz tritt am 1. Juni 1932 in Kraft.

Gesetz über die jugendlichen Rechtsbrecher vom 31. Mai 1940.

Durch Beschluß des Reichstags wird Folgendes bestimmt:

§ 1. Unter einem jugendlichen Rechtsbrecher wird in diesem Gesetz eine solche Person verstanden, die bei der Begehung einer Straftat das 15., aber nicht das 21. Lebensjahr vollendet hat.

§ 2. Es ist dem Ermessen des öffentlichen Anklägers anheimgestellt, von der Anklage eines jugendlichen Rechtsbrechers abzusehen, wenn dieser die betreffende Straftat begangen hat, bevor er das 18. Lebensjahr vollendet hat, und wenn die Straftat mit keiner anderen Strafe in allgemeiner Strafart bedroht ist als mit Geldstrafe oder mit Gefängnis nicht über drei Monaten oder wenn die Strafe für sie in § 4 a des 11. Kapitels des Strafgesetzes oder in § 24 des 16. Kapitels festgesetzt ist.

Unter den im ersten Absatz genannten Voraussetzungen hat der öffentliche Ankläger auch das Recht, sich einer Klage, die der Verletzte erhoben hat, nicht anzuschließen, auch wenn die Klage nicht unbegründet zu sein scheint.

§ 3. Das Gericht ist befugt, von einer Verurteilung eines jugendlichen Rechtsbrechers abzusehen, wenn er die betreffende Straftat begangen hat, bevor er das 18. Lebensjahr vollendet hat, und wenn er dafür nach dem Ermessen des Gerichts keine strengere Strafe zu erwarten hätte als Geldstrafe oder Gefängnis nicht über sechs Monaten oder wenn die Strafe für die Straftat in § 4 a des 11. Kapitels des Strafgesetzes oder in § 24 des 16. Kapitels festgesetzt ist.

§ 4. Die Bestimmungen der §§ 2 und 3 sind nur dann anzuwenden, wenn man die Tat als aus Unverstand oder Unbedachtsamkeit geschehen betrachten kann und Grund hat, anzunehmen, daß der Täter sich bessern wird, auch wenn er nicht verurteilt wird.

§ 5. Wenn der öffentliche Ankläger auf Grund von § 2 von einer Anklage des jugendlichen Rechtsbrechers abgesehen hat, muß er das dem zuständigen Fürsorgeamt mitteilen.

Eine ebensolche Mitteilung hat das Gericht zu machen, wenn es auf Grund von § 3 entschieden hat, daß der jugendliche Rechtsbrecher nicht verurteilt wird.

§ 6. Hinsichtlich des Strafmaßes, das ein jugendlicher Rechtsbrecher für eine Straftat erhält, die er vor Vollendung seines 18. Lebensjahres begangen hat, sind die Bestimmungen von § 2 des 3. Kapitels des Strafgesetzes zu befolgen.

§ 7. Die Bestimmungen von § 2 des Gesetzes über das bedingte Strafurteil stehen der Fällung eines solchen Urteils über einen jugendlichen Rechtsbrecher nicht entgegen.

§ 8. Ein bedingt verurteilter jugendlicher Rechtsbrecher hat während der Bewährungfrist unter Überwachung zu stehen, außer wenn das Gericht der Ansicht ist, daß er sich auch ohne Überwachung bessert, und im bedingten Strafurteil bestimmt, daß er nicht unter Überwachung gestellt wird.

Der Zweck der Überwachung ist es, den Verurteilten an der Begehung neuer Straftaten zu hindern und in seinem Streben nach einem tadelfreien Lebenswandel zu unterstützen.

§ 9. Die Organisation und Leitung der Überwachung der bedingt verurteilten jugendlichen Rechtsbrecher ist Sache des Justizministeriums.

§ 10. Da ein bedingt verurteilter jugendlicher Rechtsbrecher unter Überwachung stehen muß, hat das Justizministerium entweder eine seiner Ansicht nach dazu geeignete Person oder Fürsorgevereinigung zum Überwacher des Verurteilten zu bestimmen oder die Regelung der Überwachung dem zuständigen Fürsorgeamt zu übertragen.

§ 11. Der unter Überwachung Stehende hat dem Überwacher seinen Wohnort und Arbeitsplatz zu melden, auf seine Aufforderung zu ihm zu kommen sowie unverzüglich auf Anfragen des Überwachers zu antworten; er darf auch nicht ohne Zustimmung des Überwachers seinen Wohnort oder Arbeitsplatz wechseln und hat nach einem anderen Wohnort zu ziehen oder einen anderen Arbeitsplatz anzunehmen, wenn nach Ansicht des Überwachers wichtige Gründe das erfordern, sowie auch sonst die Ratschläge und Richtlinien des Überwachers zu befolgen.

§ 12. Wenn ein bedingt Verurteilter sich während einer Überwachungszeit von mindestens sechs Monaten gut aufgeführt hat und auch sonst Grund vorhanden ist, anzunehmen, daß die Fortsetzung der Überwachung nicht nötig ist, kann das Justizministerium auf Antrag des Überwachers die Überwachung aufheben.

§ 13. Für die Strafvollstreckung gegenüber einem bedingt Verurteilten gelten die Bestimmungen des Gesetzes über das bedingte Strafurteil. Das Gericht darf jedoch auch auf Verlangen des Überwachers die Vollstreckung der Strafe anordnen, zu der ein jugendlicher Rechtsbrecher verurteilt worden ist, wenn der Verurteilte während der Überwachungszeit in Trunksucht oder in eine unsittliche oder sonst anstößige Lebensweise verfällt oder sich gegenüber dem Überwacher störrisch zeigt, indem er dessen Weisungen nicht befolgt.

§ 14. Wenn die Strafe für einen jugendlichen Rechtsbrecher, der für eine oder mehrere Straftaten zu einer Freiheitsstrafe von sechs Monaten bis zu vier Jahren verurteilt worden ist, vollstreckt werden muß, ist er unverzüglich dem Gefängnisgericht oder einer von diesem bestimmten Person zur Untersuchung zu überweisen. Die Zeit, die er dann in Untersuchung verbringt, ist als Strafverbüßungszeit anzurechnen.

§ 15. Auf Grund der in § 14 erwähnten Untersuchung hat das Gefängnisgericht zu bestimmen, ob die Strafe für die übrigbleibende Frist als gewöhnliche Zuchthaus- oder Gefängnisstrafe vollstreckt werden soll, je nach dem, wie das Urteil lautet, oder ob der Verurteilte sie im Jugendgefängnis zu verbüßen hat.

Das Urteil des Gefängnisgerichts ist sofort nach den Bestimmungen über das rechtskräftige Urteil zu vollstrecken.

§ 16. Die Verbüßung der Strafe im Jugendgefängnis ist anzuordnen, wenn Grund besteht, anzunehmen, daß der Verurteilte einer solchen Erziehung und Belehrung bedarf, die er im Jugendgefängnis erhalten kann, und daß er entwicklungsfähig ist.

Wer das 23. Lebensjahr vollendet hat, ist nicht in ein Jugendgefängnis einzuweisen.

§ 17. Die Strafverbüßungszeit eines ins Jugendgefängnis eingewiesenen jugendlichen Rechtsbrechers ist als verlängert anzusehen, und zwar um zwei Jahre bei einem zu einer Zuchthausstrafe Verurteilten und um ein Jahr bei einem zu Gefängnis Verurteilten über die im Urteil festgesetzte Frist hinaus. Die Strafe kann jedoch gemäß besonderen Bestimmungen als verbüßt betrachtet werden, nachdem die vom allgemeinen Gericht verhängte Strafverbüßungszeit abgelaufen ist.

§ 18. Im Jugendgefängnis ist besonderes Gewicht auf die erzieherische Wirkung der Strafe zu legen. Daneben ist auch besonders darauf zu achten, daß der Verurteilte während seines Aufenthalts in der Strafanstalt sich ans Arbeiten gewöhnt und nach Möglichkeit einen solchen für ihn geeigneten Beruf erlernt, der ihn nach seiner Freilassung ernähren kann.

§ 19. Zu Zuchthaus und zu Gefängnis Verurteilte sind im Jugendgefängnis hinsichtlich des Strafvollzugs auf die gleiche Stufe zu stellen.

§ 20. Ist einem aus dem Jugendgefängnis auf Bewährungsfrist Freigelassenen aus einem anderen Grunde als wegen einer neuen Straftat die Freiheit entzogen worden, so hat das Gerichtsgefängnis zu bestimmen, ob er wieder ins Jugendgefängnis einzuliefern ist, um die noch übrige Strafe zu verbüßen, oder ob er diese Strafe als Gefängnisstrafe in einem allgemeinen Gefängnis zu verbüßen hat.

Wenn die Reststrafe, deren Verbüßung in einem allgemeinen Gefängnis angeordnet wird, von so langer Dauer ist, daß sie strenger ist als die vom Gericht verhängte Strafe, ist sie als um so viel verkürzt anzusehen, daß sie in ihrer Strenge der vom Gericht verhängten Strafe entspricht.

§ 21. Wird jemand, der im Jugendgefängnis eine Strafe verbüßt hat, wegen einer neuen Straftat, die er begangen hat, nachdem die Strafe für die frühere Straftat verhängt worden war, von neuem in ein derartiges Gefängnis eingewiesen, so ist bei der Zusammenfassung der Strafen seine Strafverbüßungszeit nicht gemäß § 17 als von neuem verlängert anzusehen.

Wenn die Strafverbüßung für die neue Straftat in einem allgemeinen Gefängnis angeordnet wird, ist bei der Zusammenfassung der Strafen jener Teil der früheren Strafe, der im Jugendgefängnis nicht verbüßt worden ist, gleich einer gewöhnlichen Gefängnisstrafe anzurechnen und entsprechend der zweite Absatz von § 20 anzuwenden. Gesetz vom 20. November 1942.

§ 22. Wenn festgestellt wird, daß jemand, der für irgendeine Straftat ins Jugendgefängnis eingewiesen ist, vor der Verhängung der Strafe für diese Straftat noch eine andere Straftat begangen hat, so ist bei der Zusammenfassung der Strafen die Strafe, die für die erstgenannte Straftat verhängt worden ist, so anzurechnen, wie sie im Gerichtsurteil erscheint, und die im Jugendgefängnis verbüßte Strafe, falls der Schuldige die Gesamtstrafe im allgemeinen Gefängnis zu verbüßen hat, gleich einer gewöhnlichen Gefängnisstrafe anzurechnen, jedoch so, daß die Strafe, die er während der in § 14 genannten Untersuchung und im Jugendgefängnis verbüßt hat, insgesamt höchstens als der im Gerichtsurteil verhängten Strafe entsprechend betrachtet wird. Gesetz vom 20. November 1942.

§ 23. Bei der Verhandlung der Sache eines jugendlichen Rechtsbrechers haben der öffentliche Ankläger, das allgemeine Gericht und das Gefängnisgericht zu versuchen, sich außer mit der begangenen Straftat und ihren Beweggründen auch mit der Persönlichkeit des jugendlichen Rechtsbrechers, mit seinem früheren Leben und mit seinen Lebensverhältnissen vertraut zu machen.

Wenn der verhaftete Angeklagte einen Rechtsbeistand verlangt und wegen seiner Unbemitteltheit die Kosten für einen solchen nicht aufbringen kann, hat der Vorsitzende des Gerichts dazu eine den Rechtsanwaltsberuf ausübende Persönlichkeit zu bestimmen, wenn sich das ohne erhebliche Schwierigkeiten durchführen läßt. Dem Rechtsbeistand ist aus Staatsmitteln ein vom Gericht bewilligtes mäßiges Honorar zu zahlen.

§ 24. In einem Rathausgericht, das mehrere Abteilungen hat, sind alle Sachen, die jugendliche Rechtsbrecher betreffen, von derselben Abteilung zu verhandeln. Ist jedoch die Zahl dieser Sachen in irgendeinem Rathausgericht so groß, daß dieselbe Abteilung sie nicht alle sachgemäß verhandeln kann, so hat das Justizministerium zu bestimmen, daß diese Sachen in dem betreffenden Rathausgericht auf zwei oder mehrere Abteilungen verteilt werden. Gesetz vom 20. November 1942.

§ 25. Ein in Untersuchungshaft befindlicher jugendlicher Rechtsbrecher ist nach Möglichkeit von den übrigen Gefangenen getrennt zu halten und es ist ihm zu gestatten, seine eigenen Kleider zu tragen. Er ist auch unterwegs zum Gerichtsort oder von dort zum Gefängnis nicht mit den übrigen Gefangenen zusammenzubringen.

Im Wartezimmer des Gerichts ist ein solcher verhafteter jugendlicher Rechtsbrecher nicht nur von den übrigen Gefangenen, sondern auch vom Publikum abgesondert zu halten.

§ 26. Wenn ein jugendlicher Rechtsbrecher seine Strafe als gewöhnliche Zuchthaus- oder Gefängnisstrafe zu verbüßen hat, so ist er, insbesondere wenn er das 21. Lebensjahr noch nicht vollendet hat, von solchen älteren Gefangenen getrennt zu halten, von denen man einen verderblichen Einfluß auf ihn erwarten kann.

§ 27. Dieses Gesetz ist nicht anzuwenden, wenn die Straftat nach dem Militärstrafgesetz zu bestrafen ist, und die §§ 14—22 sind nicht anzuwenden, wenn die Straftat im 11. oder 12. Kapitel des Strafgesetzes oder in § 24 des 16. Kapitels mit einer Strafe bedroht ist.

§ 28. Genauere Bestimmungen über die Ausführung dieses Gesetzes werden auf dem Verordnungswege erlassen.

Dieses Gesetz tritt am 1. Januar 1942 in Kraft und ist auch auf solche jugendliche Rechtsbrecher anzuwenden, die nach seinem Inkrafttreten für Straftaten, die sie vor seinem Inkrafttreten begangen haben, angeklagt werden.

Kolibri 360 GmbH
Ferdinand-Jühlke-Straße 7
99095 Erfurt, Deutschland
produktsicherheit@kolibri360.de